LECTURA VELOZ

Aprenda Cómo Triplicar Tu Velocidad Lectora

(La Última Guía Paso A Paso Para Acelerar La Lectura Y Las Técnicas Sencillas)

Acab Rico

Publicado Por Daniel Heath

© **Acab Rico**

Todos los derechos reservados

Lectura Veloz: Aprenda Cómo Triplicar Tu Velocidad Lectora (La Última Guía Paso A Paso Para Acelerar La Lectura Y Las Técnicas Sencillas)

ISBN 978-1-989808-77-1

Este documento está orientado a proporcionar información exacta y confiable con respecto al tema y asunto que trata. La publicación se vende con la idea de que el editor no esté obligado a prestar contabilidad, permitida oficialmente, u otros servicios cualificados. Si se necesita asesoramiento, legal o profesional, debería solicitar a una persona con experiencia en la profesión.

Desde una Declaración de Principios aceptada y aprobada tanto por un comité de la American Bar Association (el Colegio de Abogados de Estados Unidos) como por un comité de editores y asociaciones.

No se permite la reproducción, duplicado o transmisión de cualquier parte de este documento en cualquier medio electrónico o formato impreso. Se prohíbe de forma estricta la grabación de esta publicación así como tampoco se permite cualquier almacenamiento de este documento sin permiso escrito del editor. Todos los derechos reservados.

Se establece que la información que contiene este documento es veraz y coherente, ya que cualquier responsabilidad, en términos de falta de atención o de otro tipo, por el uso o abuso de cualquier política, proceso o dirección contenida en este documento será responsabilidad exclusiva y absoluta del lector receptor. Bajo ninguna circunstancia se hará responsable o culpable de forma legal al editor por cualquier reparación, daños o pérdida monetaria debido a la información aquí contenida, ya sea de forma directa o indirectamente.

Los respectivos autores son propietarios de todos los derechos de autor que no están en posesión del editor.

La información aquí contenida se ofrece únicamente con fines informativos y, como tal, es universal. La presentación de la información se realiza sin contrato ni ningún tipo de garantía.

Las marcas registradas utilizadas son sin ningún tipo de consentimiento y la publicación de la marca registrada es sin el permiso o respaldo del propietario de esta. Todas las marcas registradas y demás marcas incluidas en este libro son solo para fines de aclaración y son propiedad de los mismos propietarios, no están afiliadas a este documento.

TABLA DE CONTENIDO

Parte 1 1

Introducción 2

Capítulo 1. Historia De La Lectura De Velocidad 8

Capítulo 2. Beneficios De La Lectura De Velocidad 11

1. Desarrollarás Un Mejor Manejo De Tu Tiempo. 12
2. Te Empoderarás. 13
3. Te Abrirás A Más Oportunidades. 13
4. Aumenta Tu Confianza. 15
5. Tendrás Mejor Memoria. 16
6. Te Sentirás Más Relajado. 16
7. Mejorarás Tus Capacidades De Aprendizaje. 17
8. Tus Pensamientos Se Volverán Más Sofisticados. 18
9. Tendrás Menos Estrés. 19
10. Te Inspirarás Para Lograr O Soñar Más. 19
11. Serás Un Líder Más Innovador. 20
12. Te Volverás Bueno En Resolución De Problemas. 20

Capítulo 3. Ejercicios De Lectura De Velocidad 23

Antes De Comenzar Con Tu Lectura De Velocidad 23
Factores Que Afectan Tu Habilidad De Leer Con Velocidad ... 25
Aplicando Las Habilidades Que Ya Posees 25

Capítulo 4. Ejercicios Para Incrementar Tu Flexibilidad Y Tu Ritmo De Lectura 36

Calentamiento 37
Aumenta La Flexibilidad De Tu Velocidad 38
Ejercicio De Novela 39
A Ritmo Del Metrónomo 40
Recuerda Al Hacer 45
Cómo Recordar Información 45
Mapas Mentales 48
Rizomapas 50

Escribe En Tus Libros 50
Sesiones De 20 Minutos 51

Capítulo 5. Cómo Tener Una Sesión De Ejercicios 53

Capítulo 6. Técnicas Para Incrementar La Velocidad De Lectura 58

Fijaciones De Ojos Y Familiaridad 60
Fijaciones De Ojos Y Vocabulario 60
Practica Meta-Guía 61
Presentación Visual Serial Rápida 63

Capítulo 7. Técnica De Comprensión: Ojear+ 65

Capítulo 8. Técnica De Retención: Mantén El Enfoque 70

Apaga Tus Notificaciones En E-Mails, Mensajes Instantáneos Y Teléfono Móvil. 70
Recuerda Que La Postura Apropiada Es Esencial. 71
Aclara Tu Mente. 72
Lee En Intervalos. 73
Lee Con Propósito. 73
Encuentra Un Buen Lugar Para Leer. 74
Haz Un Mapa Mental. 74

Conclusión 77

Parte 2 78

Capítulo 1: ¿Qué Es Lectura Rápida Y Por Qué Necesitas Aprender A Hacerlo? 79

Capítulo 2: Un Acercamiento Al Aprendizaje Del Arte De Lectura Rápida – 3 Simples Pasos 89

Capítulo 3: Identificando Y Corrigiendo Los Malos Hábitos De Lecturas Que Te Detienen 95

Capítulo 4: Aprende Nuevos Consejos Y Técnicas Para Mejorar Tu Habilidad Lectora 116

Capítulo 5: Practica E Implementa Lo Aprendido 127

Conclusión 132

Apéndice -3 Párrafos De Práctica Con Preguntas 133

Párrafo 1 – Extracto De Ficción... 133

Párrafo 2 – Extracto De No Ficción 136

Párrafo 3 – Extracto De No Ficción 140

Parte 1

Introducción

Lectura de velocidad se considera todas aquellas técnicas que mejoran la habilidad de un individuo de leer más rápidamente y de comprender información. En otras palabras, es un modo de leer rápidamente que le permite al cerebro asimilar muchas palabras e incluso oraciones de forma simultánea. Hay muchas técnicas calificadas para ser consideradas "lectura de velocidad", incluyendo la fragmentación y la minimización de la subvocalización propia.

Existen diferentes tipos de lectores, y todos ellos pueden usar métodos variados para incrementar su velocidad. "Ojear", "explorar" y "meta guía" son algunos métodos de los que tal vez ya has oído hablar.

Este libro puede ayudarte a determinar si eres un lector visual, auditivo, o mental, y el estilo de lectura puede cambiarse y mejorarse. Para acceder a esta información, puedes saltearte hasta el capítulo 2. Es muy sencillo practicar todos los trucos que te vamos a enseñar. Los beneficios de la lectura de velocidad son numerosos. Incluso existen modos de entrenar usando software y programación en línea, si eres un individuo particularmente adepto a la tecnología.

Contrario a lo que algunos podrían pensar, la lectura de velocidad no se trata de leer velozmente todo el tiempo. Es más bien como conducir. No puedes conducir como una abuela en la carretera del mismo modo que no puedes ir rápido y furioso cuando vas por una zona escolar. Ten en mente que cada tipo de material de lectura requiere varios grados de velocidad de lectura. Después de todo, no leerás una columna de chismes al mismo ritmo que al examinar atentamente un contrato de negocios. En otras palabras, ser un lector veloz también significa ser un lector flexible. A fin de alcanzar este nivel, deberás poseer un comando total de las variadas velocidades de lectura. Deberás leer de acuerdo a varios grados de lentitud y varios grados de rapidez.

Como pronto descubrirás, la lectura de velocidad también se trata de saber cuándo acelerar y cuando ir más lento. A menos que seas capaz de ajustar tu ritmo de lectura apropiadamente, verás que tu comprensión de un material de lectura se verá significativamente afectado.

Muy Lento	200 palabras por minuto	Útil para motivos académicos, tomar notas, leer libros de texto, introducir conceptos frescos. Bueno para cuando el lector tiene poco o ningún conocimiento previo sobre el tema.
Lento	Entre 150 y 300 palabras por minuto	Ideal para fuentes de lectura desafiantes que requieren un alto grado de comprensión, o para examinar atentamente reportes técnicos. Bueno para cuando el lector tiene poco o mediado conocimiento del tema.
Moderado	Entre 300 y	Los niveles de dificultad del

	600 palabras por minuto	material de lectura son mediados y el lector solo requiere buena comprensión del tema, esto incluye leer revistas y periódicos. Bueno para cuando el lector tiene conocimiento moderado o rico en temas similares.
Rápido	Entre 600 y 800 palabras por minuto	Para materiales de lectura fáciles y livianos, para "ojear y examinar" periódicos y revistas, leer artículos en línea y obras de ficción. Bueno para cuando el lector posee conocimiento rico en el tema o en temas similares.
Muy Rápido	Más de 800	Para "ojear" materiales de lectura

	palabras por minuto	sencillos como obras de ficción y artículos de periódicos o revistas. El lector podría tener cero, alguno o abundante conocimiento previo del tema o de temas similares.

Capítulo 1. Historia de la Lectura de Velocidad

Es buena idea entender cómo inició este concepto. La lectura de velocidad surgió a través del uso del "**taquistoscopio**", un dispositivo utilizado por las Fuerzas Aéreas de Estados Unidos para entrenar a sus pilotos en enfoque y memoria. El aparato le muestra al piloto una imagen por un corto período de tiempo y luego lo oculta de la vista. El piloto debe identificar cuáles son aviones enemigos mientras se simulan batallas en la cabina.

Esta metodología de **taquistoscopio** fue luego aplicada a la lectura: se proyectaba un grupo de palabras en una pantalla por 0.002 segundos y se ponía a prueba a los lectores para ver si recordaban y entendían la frase completa. Al principio, se creía que las personas leían mirando todas las letras de una palabra y luego las asociaban al significado. El concepto de "lectura por letras" se cambió cuando se probó, a través de estudios y experimentos, que las personas tienen la habilidad de leer no solo una palabra, sino un grupo de tres, cinco, o incluso más palabras de una sola vez. De ese modo, la lectura de velocidad se popularizó.

Evelyn Wood fue quien acuñó la frase. Ella estudió los hábitos exhibidos por los lectores veloces y desarrolló técnicas para mejorar la velocidad de lectura propia. Ella enseñó en escuelas y seminarios. El presidente John F. Kennedy, junto a su hermano Bobby, fue entrenado en estos métodos y se volvió un fuerte partidario de la lectura de velocidad durante su término. El presidente Jimmy Carter, su esposa y varios miembros del personal de la Casa Blanca tomaron cursos de lectura de velocidad.

A través de los años, las metodologías de la lectura de velocidad han sido perfeccionadas. Sin embargo, la base fundamental - leer múltiples palabras más rápidamente y concompleta comprensión - no ha cambiado. Puedes aplicar los últimos desarrollos en lectura de velocidad para pasar de ser un buen lector a ser un gran lector.

Capítulo 2. Beneficios de la Lectura de Velocidad

La lectura de velocidad ofrece múltiples beneficios para todos, en especial para las personas de negocios, los estudiantes y todos aquellos que realicen una gran cantidad de lectura. Podrías preguntarte por qué es beneficioso dedicar tiempo a aprender técnicas de lectura de velocidad si tu horario de todos los días ya está completo. Aquí hay una razón: con la vasta cantidad de información que recibes todos los días, tiene sentido invertir algo de tiempo en aprender estrategias para una lectura más veloz.

Imagina poder revisar tu correo en la mitad de tiempo, repasar las actualizaciones de tus redes sociales más eficientemente y responder a ellas más rápido.

La lectura de velocidad es una técnica que te permitirá comprender más e incrementar el ritmo de tu lectura hasta duplicar o incluso triplicar tu nivel actual. Una vez hayas adquirido la habilidad, la tendrás por el resto de tu vida, ¡y podrás disfrutar de sus beneficios a largo plazo! ¿No es un intercambio grandioso?

Aquí hay algunas razones adicionales que te ayudarán a decidir comenzar tu aprendizaje y mejorar tus habilidades de lectura de velocidad:

1. Desarrollarás un mejor manejo de tu tiempo.

El viejo refrán de "el tiempo es oro" expresa una gran verdad. Todos deberían usar su tiempo sabiamente ya que es la mercancía más valiosa que jamás tendremos. El éxito depende en gran medida de cómo manejas tu tiempo. Con la lectura de velocidad, puedes ahorrar tiempo en revisar diferentes materiales para obtener información valiosa y puedes usar ese tiempo para aplicar el conocimiento que hayas ganado.

2. Te empoderarás.

Las primeras impresiones y los juicios usualmente se basan en las palabras que salen de la boca de una persona. Debido a eso, ser capaz de compartir tu punto de vista o entender datos importantes en una reunión de negocios no solo aumentará tu confianza, sino que también te dará una oportunidad de impresionar a otros con tu conocimiento. Ser capaz de leer con velocidad documentos pertinentes (leerlos y entenderlos completamente) te dará poder a través del conocimiento.

Otra instancia serían las situaciones sociales. Al haber leído las noticias con velocidad - ya sea que se traten de eventos mundiales, redes sociales, industria, entretenimiento, o incluso chismes - serás capaz de mantener mejores conversaciones con los demás y de estar cómodo con lo que sabes.

3. Te abrirás a más oportunidades.

El crecimiento exponencial se produce a

medida que lees más y expandes tu conocimiento. Y, a medida que mejora tu ritmo de lectura, obtendrás incluso más sabiduría que te ayudará a crecer personal y profesionalmente. Esto abrirá la puerta a muchas oportunidades que podrás aprovechar.

¿Sabías que la lectura de velocidad puede hacerte obtener una promoción o ayudarte a conseguir ese trabajo de buen salario en el que llevas puesto el ojo? En el mundo corporativo y competitivo actual, puedes sobresalir al obtener títulos, entrenamientos formales o certificaciones. Puedes hacer estas cosas en línea y la lectura de velocidad puede ayudarte a mejorar tus bases educativas al administrar estos cursos y completarlos en un período de tiempo más corto con grandes resultados.

Recuerda, cuando aumentas tu valor profesional, eso se traduce en mejores oportunidades de empleo y de ganancias. Eso equivale a más seguridad y libertad financiera.

4. Aumenta tu confianza.

La lectura de velocidad puede mejorar o fortalecer tu personalidad. Si eres alguien que no se sienten cómodo hablando con tus colegas o con tu jefe, estarás relegado a un segundo plano y no tendrás confianza para participar de verdad. Sin embargo, si te mantienes al tanto de lo que ocurre dentro o alrededor de tu compañía o industria, podrás realizar sugerencias y propuestas con toda confianza.

Puedes leer con velocidad las noticias financieras, las novedades de la industria, y los reportes sobre lo que ocurre alrededor de la competencia en el mercado. También serás capaz de responder preguntas con confianza. Incluso cuando las personas no están de acuerdo con tu opinión, estarás cómodo y seguro sabiendo que posees una total comprensión de los temas de conversación porque los has leído bien - a través de la lectura de velocidad.

Con una mejorada autoconfianza, también podrás ejercer mejor autocontrol y tomar mejores decisiones en el lugar de trabajo.

5.Tendrás mejor memoria.

Muchas personas pueden leer algo y luego olvidar lo que han leído al cabo de un tiempo. Las técnicas de lectura de velocidad pueden incrementar tu entendimiento de un tema o un hecho sobre los que has leído. Tu cerebro está programado para recordar con precisión los conceptos sobre los que tienes una buena comprensión. Puedes hacer que tu cerebro sea más fuerte y más eficiente entrenándolo a través de la lectura de velocidad. Al mejorar tu memoria, también mejorarás tu creatividad.

6.Te sentirás más relajado.

Las personas que leen, te dirán que puede ser un pasatiempo muy relajante y liberador de estrés. Ya sea que leas lento o rápido, leer puede calmar tus nervios y alejar las preocupaciones de tus pensamientos. Escoger el libro correcto en el momento adecuado puede cambiar tu estado de ánimo instantáneamente, o incluso tu perspectiva completa a cerca de un determinado asunto.

A medida que lees más rápido, podrás abarcar más material, absorber más información y en general sentirte más relajado. Al hacerlo, también podrás acallar las voces, los ruidos y las tensiones a tu alrededor. Este pacífico estado puede ayudarte a mejorar tu ser espiritual y emocional, lo cual trae resultados positivos para tu cuerpo físico.

Prueba la lectura de velocidad por un mes y comenzarás a ver una marcada diferencia en tu comportamiento y en tus emociones.

7. *Mejorarás tus capacidades de*

aprendizaje.

La lectura de velocidad es una manera de mejorar tu concentración. Cuando sepas cómo dedicar toda tu concentración en cualquier tarea que lleves a cabo, te volverás más bueno en ello - esto se aplica a más que solo la lectura. Tendrás más interés en lo que haces y podrás procesar mejor la información y a un ritmo mucho mayor. También estarás ansioso de aprovechar cualquier oportunidad de perfeccionar tu aprendizaje y tu creatividad. De nuevo, esto abre un camino a más oportunidades.

8. *Tus pensamientos se volverán más sofisticados.*

La ciencia asegura que la lectura de velocidad puede afectar positivamente la neuro-plasticidad del cerebro. El cerebro se entrena para crear nuevas conexiones y esto te permite pensar de un modo más complejo y avanzado.

9. Tendrás menos estrés.

Dado que la lectura de velocidad entrena tu concentración, gracias a eso podrás mejorar tus habilidades de meditación. En el mundo actual sobrecargado de información, las personas tienden a llevar a cabo tareas múltiples y pierden concentración. La atención fragmentada te vuelve ineficiente y menos productivo. No completar tareas, o atender a demasiadas tareas al mismo tiempo, te producirá estrés.

Cuando aprendes a concentrarte, una habilidad adquirida a través de la lectura de velocidad, serás capaz de completar tareas más eficientemente y tendrás mucho menos estrés porque sabrás que estás rindiendo a tu máximo nivel.

10. Te inspirarás para lograr o soñar más.

Con una memoria mejorada, más concentración y creatividad, te encontrarás a ti mismo aspirando a más. A medida que crece el mundo a tu alrededor, te animarás a soñar en grande y a ir más lejos. Los beneficios de las habilidades de la lectura de velocidad no están limitados solo a la lectura y la comprensión. Pueden afectar todo el panorama de tu vida.

11. Serás un líder más innovador.

La lectura de velocidad puede mejorar tus procesos de pensamiento y convertirte en un mejor líder. Como líder, serás capaz de llevar adelante cambios, expansión, e innovación con toda confianza sabiendo que posees la información correcta y las habilidades para completar tus objetivos establecidos.

También te volverás más creativo en la resolución de problemas a medida que activas tu imaginación. Podrás combinar conceptos y hacerlos más útiles. Además, tendrás la habilidad de implementar la iniciativa. ¿Quién sabe? La próxima idea multimillonaria podría salir de ti.

12. Te volverás bueno en resolución de

problemas.

La lectura de velocidad te permite replantear problemas al entender las ideas clave y al desbloquear tu imaginación. ¿Sabías que tu subconsciente es muy poderoso? Los estudios indican que la mente subconsciente resuelve problemas a 160,000 km/h, en tanto que la mente consciente puede solo ir a una velocidad máxima de 240 km/h.

¿Cómo te ayuda la lectura de velocidad a solucionar problemas más rápidamente? Te da la habilidad de desviar más datos y figuras a tu subconsciente. Cuando el subconsciente posee más información, puede buscar mejores soluciones a los problemas. Esto se denomina entrenamiento lógico. Cuando lees con velocidad, entrenas a tu cerebro para ser más eficiente en la recepción y el entendimiento de nueva información, así como en la conexión con la información previamente almacenada.

Mejorarás tus procesos de pensamiento

lógico a medida que avanzas en tu lectura de velocidad, dado que las conexiones necesarias se activarán. Verás los beneficios de estas mejorías en tus procesos de pensamiento reflejados en tu toma de decisiones diaria.

Capítulo 3. Ejercicios de Lectura de Velocidad

Antes de comenzar con la lectura de velocidad, deberás considerar los siguientes factores que contribuyen con tu habilidad, o tu falta de habilidad de leer más rápido.

Antes de Comenzar con tu Lectura de Velocidad

- **Un Propósito Claro:** Siempre deberías conocer el propósito principal por el cual lees algo. Cuanto más claro sea tu propósito, más rápido podrás leer el texto para localizarlo.
- **Estado de ánimo:** Si estás cansado, irritable o impaciente, no serás capaz de leer rápido, a diferencia de cuando estás relajado, feliz, fresco y alerta. Sin embargo, puede que no siempre estés bien cuando vas a leer. Aprender a manejar y reconocer tus sentimientos de modo que puedas concentrarte a

pesar de lo que estés sintiendo no siempre será fácil, sin embargo, es posible.

- **Familiarízate con el tema y su terminología:** Si ya posees un entendimiento del tema, tendrás un marco de referencia sobre el cual construir. Te será más fácil leer con velocidad porque no deberás detenerte a pensar en el significado de ciertas palabras.
- **Dificultad del texto:** Algunos libros son difíciles de leer incluso si el tema te es familiar o no.
- **Nivel de Estrés y Urgencia:** ¿Has notado que cuando hay urgencia relacionada a lo que necesitas leer, se te hace más difícil leer con rapidez? La lectura de velocidad te ayudará a superar este problema ya que agudizará tu enfoque y mejorará tu habilidad de concentrarte.

Factores que afectan tu habilidad de leer con velocidad

- Una actitud positiva hacia la lectura. Deberías tener el deseo de mejorar tu capacidad de lectura.
- Un buen vocabulario y familiaridad con la terminología del tema.
- Un buen entendimiento básico del tema. Si estás aprendiendo algo nuevo, ten una estrategia preparada para construir tu conocimiento de fondo.
- Necesitarás practicar. Reservar 30 minutos diarios por 30 días para leer con velocidad, mejorará grandemente tu comprensión, memoria, y la rapidez con que lees.

Aplicando las habilidades que ya posees

Puedes comenzar a leer más eficazmente aplicando las habilidades que ya has adquirido:
- Lee un libro como un periódico para obtener el mensaje.

- Usa un libro como un diccionario para obtener información específica.

No permitas que tus libros te usen a ti, mejor úsalos tú a ellos. Aunque no lo creas, ya posees varias habilidades de lectura. Ya sabes cómo extraer información rápidamente de los emails, diccionarios, periódicos, etc. Empieza a pensar en cómo puedes usar las habilidades que ya posees al leer libros. Si aún no lo has notado, utilizas métodos diferentes para leer diferentes materiales.

Periódicos

Nunca te sientas y lees un periódico palabra por palabra, lo exploras y buscas información que sea de interés para ti. Miras los encabezados y las imágenes, y luego decides lo que te interesa y lees esos artículos en más detalle. No prestas atención a la información que te resulta irrelevante. Dejas de leer cuando ya tienes suficiente información y descartas el resto del periódico. **Lee los libros como si**

fueran un periódico para obtener le mensaje principal.

Diccionarios

Cuando usas cualquier tipo de libro de referencia, buscas la palabra o la idea que necesitas y una vez que la has encontrado, cierras el libro. Si estás buscando información específica en un libro, no tienes que leer cada página. Usa la página de contenidos o el índice, o revisa el libro y fíjate en los encabezados de cada capítulo hasta hallar lo que estás buscando.

Emails

La mayoría de las personas son competentes en examinar sus emails, eliminar correos no deseados, organizar, analizar en busca de información necesaria y encargarse de lo que es rápido y urgente.

Libros de información

Las técnicas de lectura de velocidad que

estás por aprender están diseñadas específicamente para ayudarte a extraer los datos que necesitas de los libros de información que no necesariamente deseas leer por placer.

Estas técnicas de lectura de velocidad pueden usarse con toda clase de materiales de lectura tales como diarios, e-books, lecturas y reportes en línea.

Encuentra un propósito SMART

En los negocios, los profesionales a veces establecen una meta o propósito SMART. Tú puedes aplicar esta técnica a la lectura. SMART es una sigla en inglés y significa:
Specific (Específico)
Measurable (Medible)
Achievable (Alcanzable)
Real
Timed (Programado)

Analizando tu propósito

Has decidido leer este libro, lo cual significa que ya has establecido un propósito. Ahora examina tu propósito según el criterio SMART, comenzando desde atrás.

Programado: Trabaja con libros en sesiones de 20 minutos. Apégate a un límite de tiempo de 20 minutos.

Real: Asegúrate de que la razón que tienes para leer sea real. En otras palabras, no inventes una razón solo para poder leer. Lee porque en verdad necesitas obtener algo del libro. **R** también puede representar **relevante**. Pregúntate si la información es relevante para ti, y cómo la vas a utilizar.

Alcanzable: Tu propósito debe ser realista y alcanzable. ¡Querer leer toda una biblioteca en un mes no es algo que puedas hacer! Además, apégate a elementos individuales de información. Intentar buscar más de una sola cosa a la vez te va a confundir.

Medible: Si no puedes medir algo, se vuelve muy difícil saber si lo has alcanzado. Por ejemplo, podrías desear repasar tus técnicas de inversión en una sesión de 20 minutos.

Específico: Cuanto más precisamente definido y claro sea tu propósito, más información podrás extraer del material. Asegúrate de saber cómo vas a utilizar la información, ya que eso hará que sea más fácil para tu cerebro localizar lo que necesitas.

Regla de 80/20

La regla de 80/20 establece que 20% del esfuerzo que dedicas a cualquier cosa que haces resulta en el logro de 80% de tu objetivo. Por lo tanto, un porcentaje de variable bajo en cualquier sistema grande, puede producir un porcentaje alto. En la lectura, la idea es que estés satisfecho con lograr 80% de tu propósito principal, esto resultará en que ganes cinco veces más información en el mismo lapso de tiempo. También se cree que más del 80% del mensaje se encuentra en menos del 20% de las palabras, razón por la cual es beneficioso buscar información clave. En la práctica, 80% del progreso se encuentra en 20% del esfuerzo que dedicas.

La regla de 80/20 también es conocida como el Principio de Pareto. Fue acuñada por Vilfredo Pareto, un economista italiano quien notó que 20% de las vainas de guisantes en su jardín producían el 80% de los guisantes.

No Leas Las Palabras, Lee El Mensaje

No es necesario leer cada palabra cuando te concentras en el significado del mensaje. Un pequeño porcentaje de la lectura tiene que ver con el movimiento de los ojos; esto está muy relacionado a la forma en que funciona tu cerebro. Es importante que te mantengas enfocado en el mensaje, y no en cada palabra que conforma el mensaje.

Generalmente, no es necesario que leas cada palabra de una oración. El lenguaje es muy predecible y generalmente puedes adivinar lo que va a seguir a continuación. Además, nuestros cerebros están programados para decodificar mensajes y detectar patrones incluso cuando la información está incompleta.

Puedes asimilar información más rápidamente al concentrarte en el mensaje y no en las palabras.

Inmersión

Luego de haber leído rápidamente para encontrar información importante, puedes luego "sumergirte" y leer las secciones relevantes más detenidamente. Una vez que hayas obtenido un buen entendimiento del punto clave, puedes acelerar otra vez.

Lectura Guiada

Busca un libro, cualquiera está bien. Busca un bolígrafo. Esto no es un ejercicio de escritura, así que mantén el bolígrafo tapado.
Lee una porción del libro y usa el bolígrafo como señalador. Mueve el bolígrafo por la página a un ritmo constante, y mantenlo justo encima o debajo de las palabras que estás leyendo. Este ejercicio requiere que no muevas tus ojos hacia atrás, o sea que

no puedes volver a lo que ya has leído. El bolígrafo y tus ojos se mueven en una dirección solamente: adelante. No te preocupes si no puedes entender lo que estás leyendo. Mientras cambias tus hábitos y prácticas de lectura, la comprensión no es lo importante.

A medida que avanzas en este ejercicio de lectura guiada, lentamente comenzarás a incrementar la velocidad a la que se mueve el bolígrafo. Continúa incrementando la velocidad hasta que puedas entender solo una o dos palabras en cada línea. El principal objetivo de este ejercicio es entrenar a tu cerebro y a tus ojos a leer a un ritmo constante sin retroceder.

Nota: Asegúrate de que cuando realices este ejercicio, descanses el bolígrafo y no solo lo uses para señalar la primera o la última palabra de cada línea.

Extendiendo la Comprensión y la Velocidad

Este es un ejercicio corto que incrementará tu velocidad de lectura y

mejorará tu memoria.
- Usa un marcador de tiempo, y lee una página lo más rápido posible.
- Detente y escribe todo lo que recuerdes de lo que acabas de leer.
- Cada día lee cinco páginas y lentamente aumenta el número de páginas que lees antes de detenerte a recordar lo que has leído.
- Comienza con un tema que te sea familiar, y a medida que notes un incremento en tu velocidad y comprensión, avanza hacia algo más desafiante.
- La segunda parte de este ejercicio requiere que leas durante un minuto y luego cuentes el número de líneas que has leído.
- Continúa leyendo durante un minuto más, pero esta vez lee dos líneas adicionales.
- Repite este ejercicio durante otro minuto, esta vez leyendo cuatro líneas más. Repítelo hasta que llegues a diez líneas.
- Siempre lee para entrenar tu memoria

y tu comprensión. Si en cualquier punto piensas que no recuerdas o no entiendes el texto, consolida la información y luego acelera gradualmente.

A fin de leer rápidamente, debes ser capaz de concentrarte. Si encuentras difícil recordar o entender lo que lees, probablemente se deba a que no te estás concentrando apropiadamente. A medida que mejoras tu habilidad de concentración, puedes aumentar el tiempo de 2 minutos a 4 minutos, etc.

Capítulo 4. Ejercicios para Incrementar tu Flexibilidad y tu Ritmo de Lectura

Para los siguientes ejercicios, necesitarás usar libros que disfrutes leer. Aún si los libros no son sobre temas que te resulten familiares, deberían tratar de temas sobre los que te interesa aprender.

Una vez que te sientas cómodo con los ejercicios, podrás comenzar a usar libros con materiales que sean más difíciles de comprender. Esto podría incluir materiales que tengas que leer para tus estudios, tu trabajo, o en los que no estás necesariamente interesado. Cuando practiques con este tipo de materiales, asegúrate de que los límites de tiempo que establezcas sean estrictos. Si no, te aburrirás rápido y querrás avanzar hacia algo en lo que tengas más interés.

Toma estos ejercicios como desafíos y juegos, y no pases más de 10 minuto en cada uno.

Calentamiento

Este es un ejercicio de calentamiento de 5 minutos:
- Lee durante un minuto con buena comprensión.
- Marca el punto que hayas alcanzado luego de un minuto.
- Agrega media página a lo que acabas de leer y pon una marca en ese punto.
- Vuelve al principio y lee durante un minuto con buena comprensión hasta que logres alcanzar la segunda marca en un minuto.
- Cuando te sientas cómodo alcanzando la marca del segundo punto, agrega otra media página y marca ese punto.
- Vuelve al principio y lee con buena comprensión durante un minuto hasta que alcances la tercera marca.
- Continúa con este proceso hasta alcanzar la quinta marca.
- Para este momento, probablemente te des cuenta de que no estás leyendo en realidad, y ese es el punto de este ejercicio. El objetivo es que veas cada

palabra justo lo suficiente para reconocer que es una palabra. Esto te ayudará a acostumbrarte a reconocer/ver más de una palabra al mismo tiempo.

Aumenta la Flexibilidad de tu Velocidad

- Escoge un texto sobre un tema que te resulte familiar.
- Empieza por leer lentamente casi palabra por palabra.
- Acelera al terminar el primer párrafo. Aumenta tu ritmo de lectura hasta que estés leyendo lo más rápido que puedas logrando entender el texto.
- Cuando empieces a leer más rápido de lo que puedes comprender, necesitarás desacelerar.
- Ahora comenzarás a practicar la lectura flexible.
- Lee la primera oración del párrafo muy lento y luego aumenta la velocidad al avanzar por el párrafo y desacelera cuando alcances secciones que no

entiendas.
- Cuando hayas estado leyendo un libro sobre un tema con el que estás familiarizado durante un tiempo, pasa a un libro sobre un tema que no te resulte familiar y comienza el ejercicio otra vez.
- Ahora compara ambas experiencias. ¿Qué has descubierto? ¿Notaste que es más fácil leer el libro sobre un tema familiar?

Ejercicio de Novela

Las novelas son buenos materiales de práctica para mejorar la flexibilidad de tu ritmo de lectura. Al principio de la novela, podrías encontrarte yendo al paso de cada línea. Cuando la historia comienza a acelerarse, y estás en busca de las partes emocionantes entre las descripciones, podrías encontrarte cambiando el ritmo hasta la mitad de la página hasta que alcanzas las partes de la historia que en verdad hacen a la novela. No disfrutarás menos de la novela, y en realidad descubrirás que eres capaz de terminar más novelas que antes.

A Ritmo del Metrónomo

Si aún no tienes uno, cómprate un pequeño metrónomo electrónico que tenga un tic audible pero no muy sonoro.
Trabaja en este ejercicio por 2 minutos, y luego toma un descanso de 5 minutos.

- Configura el metrónomo en el menor ritmo y lee una línea por cada tic.
- Cada página o media página, incrementa el ritmo del metrónomo un solo tic. Si estás cómodo con este ritmo, puedes incrementarlo más.
- Toma un descanso, y luego continúa. Repite el ejercicio hasta que hayas alcanzado el ritmo más rápido.

El metrónomo alcanzará una velocidad en la que es imposible que leas cada palabra. Este ejercicio fuerza a tu cerebro y a tus ojos a absorber y a ver más de una palabra a la vez, e incrementa tu habilidad de forma gradual.

Alimento Para las Ideas

Mientras conduces por una autopista a 115 km/h, tomas una salida y llegas a un pueblo en el que repentinamente debes reducir tu velocidad a 45 km/h. Podrías pensar que esa es la velocidad a la que te estás moviendo, hasta que la policía te detiene y te informa que estás viajando a 60 km/h, cuando creíste que habías bajado a 45 km/h. Las similitudes entre las velocidades de lectura y de conducción no terminan allí. Cuando conduces a 140 km/h, es esencial que te concentres y no puedes permitirte admirar el paisaje. Cuando lees rápidamente, tu mente no siente el deseo de divagar tanto como lo sentiría a "45km/h".

Mega-Lectura
Observa la página rápidamente hasta la mitad (1-4 segundos). Permite que tu dedo te guíe por unas 10 páginas o hasta que logres encontrar sentido en algunas de las

palabras. Luego, continúa leyendo con comprensión. Nota que hay una diferencia al leer a una velocidad incrementada, porque tu cerebro ahora está costumbrado a reaccionar más rápido.

Cómo Mega-Leer

- Inhala profundamente. Al exhalar, sonríe y mantente enfocado.
- Coloca tu dedo bajo la palabra central de la línea superior de la página o columna.
- Mantente enfocado en las palabras que están justo encima de tu dedo.
- Mueve tu dedo hasta abajo en la página suavemente y mantén tus ojos enfocados en la palabra de arriba. Deberías permanecer unos cuatro segundos en cada página.
- Comenzarás a notar palabras luego de la página 6 o 7. Cuando comiences a notar las palabras, empieza a leer normalmente, pero a mayor velocidad.
- Vuelve al inicio de la sección y léela de nuevo tan rápido como seas capaz de

comprender la información.

Deslizando

El propósito de deslizarse es permitir que tus ojos salten por la página para que puedas concentrarte en las partes importantes del texto, o en palabras que perezcan dar la idea principal de la naturaleza del texto. Hay dos formas en las que puedes deslizarte:

1. Al azar – Permite que tus ojos observen diferentes áreas de la página.
2. Con un patrón – Elige un patrón en el cual leer, puede ser en zigzag, en diagonal o en interrogación, lo que te resulte más cómodo.

Un zigzag es un patrón común para deslizarse, dependiendo de la densidad de la información, el patrón puede ser cerrado o abierto.

Forma de "I" Mayúscula

1. Lee las primeras tres líneas de la página.
2. **"Mega-lee" hasta la mitad de la**

página.
3. **Lee las últimas tres líneas.**
La mayoría de las personas encuentran que esta técnica es el primer paso en su viaje de lectura de velocidad.

Primera y Última

Lee las primeras líneas y las últimas líneas de una página. En un texto que está densamente escrito, necesitarás leer la primera y la última línea de cada sección o párrafo a fin de obtener un mejor entendimiento del contenido.

Al hacer esto, encontrarás que los puntos clave no están ubicados al principio o al final de los párrafos o secciones, solo deberás leer la sección media del texto. Cuando el patrón de primera y última se aplica a todo el libro, se denomina principio y final.

En general, será suficiente leer solo el primer par de líneas de cada página. Deberías intentar leer un libro entero con este método.

Recuerda al Hacer

Si deseas recordar la información que estás leyendo, deberás tomar los pasos necesarios para mejorar tu memoria. Esto incluye lectura activa al mismo tiempo que tomar notas, discutirla con alguien y revisarla.

Si eres experto en un cierto tema, probablemente recordarás con facilidad cualquier nueva información relacionada con él. Esto se debe a que ya estás muy familiarizado con el tema y tu cerebro tendrá varios puntos de anclaje para la nueva información.

Si eres nuevo en el tema, o si estás estudiando algo en lo que no estás particularmente interesado, tendrás que hacer un esfuerzo consciente para recordar la nueva información que estás aprendiendo.

Cómo Recordar Información

El propósito de las técnicas de lectura de velocidad es asistirte en recibir nueva información y retenerla. También deberías tomar notas de lo siguiente:

- Solo recuerda lo necesario. Antes de comenzar a usar técnicas de memoria, deberás decidir qué información vale recordar. Si intentas recordarlo todo, fracasarás. Esa es una receta para el desastre.
- Lee con una mente activa e inquisitiva. Piensa en los mensajes clave, resúmelos y articúlalos. Ordena las ideas según su importancia. Pregúntate si estás de acuerdo. ¿Qué es nuevo? ¿Qué información falta?
- Deberás repetir toda la información que deseas recordar. Tu memoria procesa y retiene a través de la repetición.
- Haz asociaciones escritas y mentales, y establece enlaces entre lo que ya sabes y cualquier idea nueva. Cuantas más ideas tengas enlazadas, mejor.
- A fin de conectar los hechos, se recomienda que hagas historias. Usa exageraciones, colores e imágenes. Podría ser una emoción fuerte o algo

gracioso. Visualiza las cosas excepcionales porque son las que resaltarán en tu memoria.
- Dormir y tomar siestas ayuda con la consolidación de la memoria.

Toma Notas con Rizomapas y Mapas Mentales

El primer paso para retener información es tomar notas. Los Rizomapas y los mapas mentales son más fáciles de recordar y conducen a una gran creatividad al usar notas lineales. Si no estás en tu escritorio, necesitarás escribir en notas adhesivas y pegarlas a tu libro.

Sugiero que tomes notas en una de dos formas:

1. Rizomapas: Desarrollados por Susan Norman y Jan Cisek
2. **Mapas mentales: Desarrollados por Tony Buzan**

- Crear notas es el proceso de generar tus propias ideas.

- Tomar notas es el proceso de tomar ideas de otras fuentes tales como presentaciones o libros. Puedes usar tanto rizomapas como mapas mentales para esto.

Mapas Mentales

Un mapa mental comienza con una palabra clave o una imagen en la posición central, como representación del tema. Varias ramas salen de la palabra clave. En cada rama hay una frase corta o una palabra que demuestra cómo la idea clave está relacionada. Ramas más pequeñas son utilizadas para resumir ideas secundarias. Ramas más pequeñas con utilizadas para resumir ejemplos. Puedes usar imágenes o colores para hacer que tu mapa mental sea aún más fácil de recordar.

El secreto para crear un buen mapa mental es reunir tus ideas de un modo claro y conciso usando un número mínimo de palabras, y luego utilizar las ramas para demostrar las relaciones entre las ideas.

Cuándo es útil usar Mapas Mentales: Deberías usar mapas mentales cuando quieres mostrar que hay una conexión entre las ideas. Usa un mapa mental para hacer lo siguiente:

- Establecer una estructura de procesamiento sinóptico o una sección de trabajo de 20 minutos.
- Para dejar claro que ya conoces cierta información sobre un tema y para identificar si existen lagunas en tu conocimiento. Deberías hacer esto antes de comenzar a leer de modo que puedas agregarle más al mapa mental.
- Siempre que tomes notas y te hayas familiarizado con la estructura del tema y cómo todo funciona en conjunto.
- Para tomar notas secuenciales de paso a paso.
- Cuando tienes notas aleatorias y quieras organizar tus ideas (o a partir de un rizomapa) para exhibirlas en una presentación, para escribir un ensayo o un reporte.

Rizomapas

Un rizomapa se trata de hacer un listado de ideas al azar en un papel. A medida que se te ocurran más ideas conectadas con lo que ya has escrito, escribes esas ideas junto a las demás. Si lo necesitas, puedes reorganizar las ideas una vez que hayas completado el mapa resaltando las ideas más importantes. También puedes conectar las ideas usando subrayado, flechas, estrellas, códigos de colores y números.

Cuándo es útil hacer rizomapas: Es una buena idea usar rizomapas cuando no estés seguro acerca de la estructura del tema sobre el cual vas a leer. Por ejemplo, estás intentando entender la visión general de un tema que es completamente nuevo para ti, o cuando no estás seguro acerca de qué tipo de información útil vas a obtener del libro. También puedes usar un rizomapa para presentar información.

Escribe en Tus Libros

Si lees al ir en el transporte público, y no

eres capaz de hacer un mapa mental o un rizomapa, deberás mantenerte enfocado en el proceso de lectura al subrayar o resaltar las ideas clave del material de lectura. También puedes plasmar tus ideas en notas adhesivas y pegarlas al libro. Si deseas hacer que esas notas sean más permanentes, puedes hacerlo creando un rizomapa o un mapa mental más adelante. Esto te ayudará a recordarlas más efectivamente. Cuando lees un e-book, puedes hacer lo mismo al tomar notas, agregar marcadores, y hacer búsquedas a lo largo del contenido. También puedes ver lo que otras personas han subrayado, lo que te permitirá aprovechar la sabiduría popular al enfocarte en las áreas del libro que han sido las más destacadas.

Sesiones de 20 Minutos

Una sesión de ejercicios involucra combinar todas las técnicas de lectura y usarlas para obtener la información que necesitas. Ten una sesión de ejercicios de veinte minutos con un propósito claro y un libro. Si aún sientes que deberías obtener más del libro, deberías tomar un descanso y luego volver a él. Cada vez que te ejercitas con un libro, deberías limitar el tiempo a veinte minutos.

Capítulo 5. Cómo Tener una Sesión de Ejercicios

- Antes de comenzar tu sesión de ejercicios, asegúrate de echar un vistazo previo al libro para tener certeza de que tiene la información que necesitas.
- ¿Cuál es tu principal propósito para esto? ¿Estás buscando obtener una idea general del mensaje o estás buscando información específica?
- Siéntate cómodo en una mesa y asegúrate de tener buena luz y todo lo demás que necesites.
- Ponte en un buen estado mental de relajación, y mantén una mente inquisitiva.
- Establece la alarma para 20 minutos asegurándote de que la fuente de tiempo esté a plena vista.
- Comienza a buscar en el libro la información que necesitas para cumplir tu propósito. Puedes usar el índice y los patrones de lectura de velocidad para encontrar los puntos de información deseados.

- Usa rizomapas y mapas mentales para tomar notas a medida que avanzas.
- Asegúrate de no perder de vista el tiempo y de tener un propósito claro en mente. No caigas en la tentación de enlentecerte y leer por placer. Continúa buscando la información que te ayudará a cumplir tu objetivo.
- Cuando se acaben los 20 minutos, asegúrate de detenerte.
- Revisa cuánto de tu propósito has logrado y piensa en cuánto tiempo te habría llevado obtener este nivel de entendimiento usando métodos tradicionales de lectura.
- Si hay alguien cerca de ti, tómate cinco minutos para hablarles acerca de la información que has descubierto.
- Revisa cuánto de tu propósito ha sido alcanzado. Discutirlo te dará una idea clara de lo que has alcanzado. Si te las has arreglado para alcanzar 80% de tu propósito, podrás felicitarte a ti mismo por tener éxito con la regla del 80/20. Si has logrado menos, tendrás que decidir cuánto tiempo más necesitas para

alcanzar tu objetivo.
- Piensa en lo que has aprendido de la experiencia y considera lo que puedes hacer la próxima vez para mejorar.
- Tómate un descanso de 10 minutos.
- Cuando se acabe tu descanso, piensa en qué más necesitas, incluyendo lo siguiente:

- Algunos minutos más para completar tu propósito.
- Haz un plan para otra sesión de ejercicio.
- Haz una lectura general rápida de principio a fin para obtener más información
- Celebra tu éxito porque ya has alcanzado tu propósito.

Discute lo que Necesitas

Cuando hablas de lo que necesitas hacer, eso te ayuda a aclarar las ideas en tu mente y te ayuda a recordarlas. Haz lo siguiente dos veces:
1. Resume la información para ti mismo a medida que lees. Esto te mantendrá

activamente involucrado.
2. Cuando hayas acabado de leer, cuéntale a alguien acerca de lo que has leído. Esto te ayuda a memorizar y entender mejor la información.

Revisa la Información Regularmente
Por lo general, las personas olvidan 90% de lo que leen en 48 horas de haberlo leído. Al tomarte un par de minutos para revisar tus notas al día siguiente, una semana y un mes más tarde, ¡recordarás entre 80% y 90% de la información!

Debido al hecho de que la repetición es la clave de la memoria, deberás revisar continuamente la información que has estudiado. Si no, es completamente normal para el cerebro olvidar. Solo necesitas dedicar algunos minutos a cada revisión. Deberías revisar tus notas luego de los siguientes períodos de tiempo:

- 1 día
- 1 semana
- 1 mes

Cuando hagas revisiones de información, asegúrate de registrarlo en la forma de notas. Deberías luego volver y compararlo con lo que fue escrito anteriormente. Vuelve al texto original y revisa los detalles sobre los que no estés seguro. Al utilizar este método para poner a prueba tu memoria, mejorarás grandemente tu habilidad de memorizar información. La investigación ha confirmado que la única manera de construir la capacidad de recordar es practicando.

Cuando haces revisiones de la información, eres capaz de recordar casi el 100% de lo que leíste originalmente. Luego de un poco de experiencia, se vuelve mucho más fácil recordar información de este modo.

Capítulo 6. Técnicas para Incrementar la Velocidad de Lectura

Un lector de velocidad logra mayor comprehensión cuando lee en porciones o frases ya que el significado transmitido es más fuerte. Los ojos necesitan estar fijos y enfocados a fin de lograr ver algo. Cuando los ojos están en movimiento, la visión se pondrá borrosa. La lectura de velocidad no solo se trata de mover tus ojos rápidamente por la página, se trata de tener un buen enfoque mientras se mantiene un rango amplio de visión.

También se trata de mejorar la fijación: el modo en el que los ojos se mueven y se detienen al leer, cómo se enfocan en un grupo de palabras, luego proceden al siguiente tras entender el primero. Cuantas menos fijaciones, mayor velocidad de lectura.

Para entender cómo los ojos se quedan fijados en ciertas palabras, intenta leer esto:

Un objeto de belleza es un gozo para siempre.

Si eres un lector lento, leerás esta oración en 5 a 8 fijaciones – a medida que tus ojos van de una palabra a otra. Cuando eres un lector rápido, tendrás un mayor rango de visión, y serás capaz de leerlo entre dos y cuatro fijaciones de ojos solamente.

Un **objeto** | de **belleza** | es un **gozo** | **para siempre.**

Un objeto de **belleza** | es un **gozo** para siempre.

Si deseas ver cómo la fijación de ojos funciona en acción, puedes pedirle a un amigo que te observe mientras lees o tú puedes observarlo a él. Notarás que el ojo del lector se moverá de izquierda a derecha en una fracción de segundo luego se moverán de nuevo a la derecha. Una vez que el lector alcanza el final de la línea, sus ojos volverán a la izquierda y comenzarán con las fijaciones de nuevo. Las fijaciones de ojos varían dependiendo del largo de la línea que esté leyendo, su familiaridad con el tema y el tamaño de su vocabulario.

Fijaciones de Ojos y Familiaridad

Tu experiencia previa, educación y tus intereses, todos influyen en tu ritmo de lectura de velocidad. Tu conocimiento de un tema influirá en cuán rápido lees por fijaciones de ojos.

Leer acerca de algo que está dentro de tu campo de conocimiento, te permitirá leer no solo rápidamente sino también con confianza. Tienes conocimiento del lenguaje y el tema de interés.

Comparado a un estudiante de primaria, un consultor financiero leerá un reporte de negocios o una propuesta de inversiones mucho más rápido y lo entenderá mejor.

A medida que lees más y más, expandirás tu conocimiento. Al familiarizarte con más y más temas, leerás incluso más rápido. Funciona y te beneficia de ambas maneras.

Fijaciones de Ojos y Vocabulario

Cuanto más amplio sea tu vocabulario, mayor será tu reconocimiento de las palabras a medida que lees. Esto significa que puedes absorber más palabras en grupos.

Al expandir tu vocabulario, serás capaz de leer más rápido (en grupos de palabras) porque no necesitarás tomarte tiempo para pensar en lo que significan las palabras. Tu cerebro ya las ha procesado a partir de la memoria. Cuando lees más, encontrarás nuevas palabras y aprenderás más, ampliando de ese modo tu vocabulario.

Practica Meta-Guía

De nuevo, recuerda que los ojos tienen el hábito de quedarse fijos en objetos que se mueven. Por ejemplo, si estás sentado frente al televisor, y una cucaracha vuela a tu lado, automáticamente te enfocarás en ella. O si estás hablando con alguien y de pronto una pelota es arrojada hacia ti, naturalmente voltearás hacia ella y reaccionarás con rapidez. La fijación de ojos es un reflejo que deberías aprovechar. Cuando lees, las palabras no se mueven, pero puedes usar tus dedos o cualquier forma de señalador para que tus ojos lo sigan. Esto usualmente recibe el nombre de meta-guía. Es una antigua técnica que elimina las distracciones, y le permite al lector enfocarse en palabras importantes de modo que pueda leer más rápidamente.

Dado que los ojos son naturalmente atraídos hacia el movimiento, usar una guía ayuda al lector a expandir su visión periférica y ser capaz de leer múltiples líneas al ser guiado. Usar una guía ayuda a controlar y mejorar las fijaciones de ojos. También le brinda al lector un modo de navegar la estructura y la organización del texto, teniendo mayor capacidad de prestar atención a los encabezados y al texto resaltado, así como también buscar las formas en que el autor hace transiciones de un tema al siguiente.

Al usar tu guía, también puedes regular tu velocidad de modo que puedas ir rápido o lento, según sea necesario. Practica y determina cuánto puedes leer en un minuto. Continúa practicando, y luego de un tiempo, leer con el flujo de tu guía será algo natural y leerás consistentemente.

Una vez que te vuelvas mejor en tu lectura de velocidad, puedes deshacerte de tu guía, y tus ojos se moverán consistentemente con naturalidad sobre el material.

Puedes leer en aumentos de 1 a 5 minutos para hacer seguimiento de tu progreso. Si deseas obtener un promedio de tu ritmo de velocidad (palabras por minuto), cuenta el número de líneas que puedes leer en un minuto y multiplícalo por diez – usas 10 porque es el número promedio de palabras en cada línea en los libros impresos. Cada vez que practicas tu lectura de velocidad, ponte el objetivo de superar tu puntaje previo. Pronto te encontrarás yendo más rápido.

Presentación Visual Serial Rápida

Se ha establecido que cuando realizas menos fijaciones de ojos, logras leer y entender más palabras. Cuando domines la fijación, podrás dominar la lectura de velocidad. En el mundo digital de hoy, un método digital también es apropiado. La

Presentación Visual Serial Rápida o PVSR es útil cuando lees material en la pantalla de una computadora, tales como e-books, blogs y artículos en línea, y cosas así.

El PVSR es un sistema de lectura de velocidad que le permite al lector enfocarse en una palabra en un momento específico al destellar en la pantalla. A medida que continúas practicando este sistema, mejorarás la velocidad con la cual puedes leer palabras en pantalla, luego acelerar el proceso.

Para esto, prueba **Speeder –** el cual usa las últimas innovaciones para hacerte más productivo y eficiente en la lectura de velocidad. Ve a https://www.spreeder.com/ para aprender más. Es gratis.

Capítulo 7. Técnica de Comprensión: Ojear+

La lectura de velocidad es más que solo leer un material muy rápidamente. Se trata de entender la información que acabas de leer más rápido y mejor de lo que lo harías normalmente. Por lo tanto, la lectura de velocidad se trata de la eficiencia.

Ojear es una técnica que usualmente se enseña en la escuela primaria, aunque no se desarrolla tanto. Le permite al lector examinar el contenido y detectar elementos importantes que deben ser leídos. Sin embargo, ojear no te hace un lector más rápido, aunque algunas personas dirían que es una técnica de lectura de velocidad.

Esto se debe a que, a diferencia de leer en verdad, tu simplemente revisas y salteas las partes que decides que no son esenciales. Generalmente, ojear brinda poca comprensión y no siempre recuerdas cada palabra que ves.

La lectura de velocidad es ojear+, o sea que es más que solo recorrer o deslizarse por el texto.

Ojear+ se trata de obtener el contenido de lo que estás leyendo sin tener que leer todas las palabras. Las personas realizan la acción de ojear como técnica de lectura de velocidad cuando tienen mucho material que leer y no tienen mucho tiempo para absorberlo en detalle. Ten en mente que ojear es tres o cuatro veces más rápido que la lectura normal, así que significa que tu comprensión ciertamente disminuye en comparación.

Si en verdad piensas en ello, ojear se parece mucho a hacer un barrido porque estás buscando la información más selecta, con la esperanza de no perderte nada de importancia al avanzar.

Ojear también te permite obtener una idea general sobre el texto. Sin embargo, deberías saber cuándo puedes ojear un texto y cuándo deberías leerlo en profundidad. Cuando eliges ojear como tu técnica de lectura de velocidad, deberías saber si el material es para ojear.

Puedes ojear largos reportes de negocios, o documentos legales o el periódico. También puedes ojear tu libro cuando

tienes un examen pronto y no cuentas con suficiente tiempo para revisarlo. La clave para saber si deberías ojear o no es responder las siguientes preguntas:
- ¿Tienes mucho que leer y no cuentas con mucho tiempo?
- ¿Es material de información no ficticia?
- ¿Puedes saltearte algo del material?
- *¿Ya tienes conocimiento previo o estás familiarizado con el material?*

Si tus repuestas son sí a las preguntas, entonces no necesitas leer todo y ojear puede resultar útil para ti.

Aquí hay algunos consejos para ojear apropiadamente un material y reconocer la información esencial:

1. **Identifica tu propósito.**

¿Por qué estás leyendo lo que estás leyendo? Cuando sabes la razón, sabrás qué buscar. Buscarás y encontrarás términos que expresan esencialmente lo que estás buscando. Cuando no sabes lo que estás buscando, ojearás sin propósito lo cual puede ser muy aburrido y hará que no retengas mucha de la información que has leído.

2. **Lee en ambas direcciones – horizontal y vertical.**

Mueve tus ojos de arriba abajo, y de un lado a otro. Imagínalo como bajar corriendo las escaleras. Intentas bajar más rápido, pero también eres cuidadoso de no perderte un escalón.

3. **Piensa como el escritor.**

Cuando lo haces, te saltearás los detalles sin importancia y solo te enfocarás en el 'jugo' del material. El autor está transmitiendo un punto, y al igual que con número 1 –saber lo que deseas obtener del material – puedes detectar lo que es y pasar por alto los ejemplos y las historias. Tomará práctica, pero aprenderás el estilo del autor – cómo incluye información indirecta, argumentos secundarios y otros detalles.

4. **Encuentra puntos importantes o ideas principales.**

Generalmente, la idea principal está escrita en los párrafos iniciales de cualquier material. Léelos cuidadosamente a fin de entender el principal objetivo del artículo. También es importante leer la primera oración de cada párrafo. Al hacerlo, sabrás si hay que leerlo por completo y cuáles puedes saltearte.

Ten en mente que no necesitas leer toda la oración si encuentras que no tiene ninguna información valiosa. Puedes saltearte los ejemplos.

Capítulo 8. Técnica de Retención: Mantén el Enfoque

El mundo en el que vivimos ofrece tantas distracciones que se vuelve difícil mantener el enfoque mientras lees. Steve Jobs dice que el enfoque significa decirles no a las otras ideas que vienen hacia ti y escoger la idea correcta.

En esencia, está diciendo que el enfoque es más que simplemente decirle sí a una cosa. Si no intentas cancelar el ruido traído por otras ideas, no serás capaz de concentrarte en la "verdadera". Él enfatiza que la innovación significa rechazar 1,000 otras cosas.

Aquí hay algunos simples consejos y trucos que pueden ayudarte a mantener y mejorar tu concentración, lo cual te permitirá tener mejor comprensión a medida que lees con velocidad.

Apaga tus notificaciones en e-mails, mensajes instantáneos y teléfono móvil.

Siempre sentirás que necesitas revisar tu

teléfono o computadora en busca de mensajes cada vez que escuchas el sonido de alerta. No necesitas hacerlo. Esas distracciones pueden apartar tu atención de lo que estás leyendo y cuando pierdas concentración, encontrarás que es difícil volver a leer con velocidad.

Te encontrarás con que debes releer o perderás interés por completo. Las interrupciones también pueden reducir la habilidad de tu cerebro de concentrarse en la información que estás intentando obtener. Cuando necesitas leer con velocidad, debes poner tu teléfono en modo silencioso y desactivar todo tipo de notificaciones. Siempre puedes revisar luego de acabar de leer.

Recuerda que la postura apropiada es esencial.

Del mismo modo que hace falta usar más músculos para fruncir el ceño que para sonreír, necesitas más energía para encorvarte que para sentarte apropiadamente. Asegúrate de practicar una postura adecuada cuando leas.

- Al sentarte, empuja tu cadera hasta atrás en el asiento. Tus pies deberían estar planos en el piso.
- Tus rodillas deberían estar un poco más bajas o a la misma altura que tu cadera.
- Consigue una silla ergonómica – tu espalda debería tener el soporte apropiado.

Disfrutarás más beneficios que solo mantener el enfoque, estarás sano y evitarás problemas de salud que vienen con una postura pobre.

Aclara tu mente.

Solo necesitas un minuto o dos para hacer esto. La meditación regular te ayudará mucho porque libera tu mente de distracciones y confusión mental. Si bien no tendrás suficiente tiempo para practicar meditación apropiada cuando necesites leer un material con velocidad, puedes cerrar tus ojos por un minuto o dos, y liberar cualquier pensamiento o preocupación mental que bloquee tu mente antes de leer. Una mente relajada tendrá un mayor nivel de concentración.

Lee en intervalos.

Un intervalo de 50 minutos es el tiempo más ideal para enfocarte en una tarea individual, de acuerdo a Peter Drucker. Luego de 50 minutos, tu mente estará cansada y necesitará un descanso. Cuando superas esa marca, tu mente se vuelve ineficiente. Necesitas tomar un descanso de 10 minutos antes de retomar la lectura (o realizar cualquier tarea). Tener este hábito te permitirá entrenar tu enfoque y usar tu cerebro a niveles óptimos.

Lee con propósito.

Cuando tienes un objetivo en mente, no leerás sin pensar. Leer con un propósito hará que el proceso sea fácil y rápido. Cuando tienes una meta específica en mente, te concentrarás mejor.

Encuentra un buen lugar para leer.

No solo deberías estar en un asiento cómodo y ergonómico, también deberías estar en una habitación donde no serás distraído por personas que podrían interrumpirte constantemente. Del mismo modo, elimina el ruido no deseado tanto como puedas.

Si puedes leer mientras escuchas música, entonces pon algo ligero para escuchar. La mayoría de las personas no solo hallan la música de fondo relajante cuando hacen alguna actividad, sino que también les ayuda a concentrarse más. Claro, depende del tipo de música que escuchas. La música instrumental, clásica e incluso el ruido blanco hará maravillas por tu concentración.

Haz un mapa mental.

Es importante trabajar ambos lados de tu cerebro a fin de lograr una mejor retención. El lado izquierdo de tu cerebro es para la lógica y la estructura en tanto que el lado derecho es la avenida artística. Involucrar ambos lados al leer te ayudará a retener más información y a tener un mejor enfoque.

A fin de entrenarte para usar ambos lados de tu cerebro, haz un mapa mental: toma notas y dibuja imágenes. Puedes primero dibujar una imagen del tema sobre el cual estás leyendo, o que deseas o sobre el que necesitas leer, luego agrega palabras clave que estén conectadas con él. Tu cerebro usará ambos lados cuando hagas esto.

Cuando comiences a leer, naturalmente vendrán imágenes y palabras clave a tu mente, y eso te ayudara a concentrarte mejor y retener la información importante.

Estos son consejos muy simples, pero son muy útiles y pueden hacer una gran diferencia en tu habilidad de lectura. Asegúrate de implementarlos regularmente para obtener los beneficios de mantener tu enfoque. También aumentarás continuamente tu velocidad de lectura.

Conclusión

Las personas extremadamente exitosas, como Warren Buffet, Bill Gates, John Maxwell, y Mark Zuckerberg creen en el poder de leer libros. ¿Deseas ser capaz de leer un libro cada día? A medida que comiences a romper los malos hábitos de lectura que te refrenan, comenzarás a mejorar lentamente, pero con certeza.

Parte 2

Capítulo 1: ¿Qué es lectura rápida y por qué necesitas aprender a hacerlo?

¡Bienvenido a esta guía de lectura rápida! Dentro de una hora habrás descubierto qué es la lectura rápida, porqué es una habilidad tan útil de aprender y cómo puedes desarrollar esta habilidad. Este libro contiene pasos fáciles de seguir y trucos que pronto te permitirán absorber con facilidad cualquier cosa que leas. Aprenderás los malos hábitos que te evitan alcanzar tu potencial de lectura y descubrirás formas simples pero efectivas de incrementar el número de palabras que eres capaz de leer y mantener por minuto.

¿Qué es lectura rápida?

Como el nombre lo sugiere, la lectura rápida es leer textos a un paso significativamente más rápido que una persona promedio; sin embargo, es importante enfatizar que la lectura rápida no es simplemente ser capaz de mover tus ojos a través de una página de forma rápida. Los buenos lectores rápidos que realmente han dominado esta habilidad también son capaces de retener la información que leen. Las personas promedio leen aproximadamente 200 a 300 palabras por minuto (PPM); no obstante, los lectores rápidos leen entre 500 a 600 PPM o más. Una pequeña porción de la población de lectores rápidos es incluso capaz de leer más de 1,000 palabras por minuto y los lectores competitivos pueden leer ¡aún más rápido!

La mayoría de nosotros aprende a leer a una edad temprana y es una habilidad que damos por hecha. Puede que no se te haya ocurrido anteriormente que mejorar tu técnica de lectura es algo en lo que vale la pena que uses tu tiempo, pero para el momento en que hayas terminado de leer este capítulo entenderás exactamente esta habilidad de leer rápido te confiere enormes ventajas.

¿Cuáles son los beneficios de la lectura rápida?

Cuando puedas leer y retener información escrita a un ritmo ligero, rápidamente podrás hacer avances en varias áreas de tu vida; cualquiera que sea tu ocupación, tu inmediatamente empezarás a ahorrarte una considerable cantidad de tiempo. Solo imagina ser capaz de leer el periódico o tu blog favorito en minutos en vez de una hora.

Esto tiene considerables efectos en cadena. Si puedes leer y retener una significativa cantidad de información en el transcurso de un día, semana o mes, ganarás ciertas ventajas sobre tus iguales. Si actualmente estas buscando conocer nuevas personas o incluso una cita, debes saber que leer rápido significa que fácilmente serás capaz de estar al día con los asuntos mundiales y los últimos trabajos literarios, lo que a su vez te hacer parecer más inteligente y deseable. Si eres un empleado en la industria competitiva, imagina cuán impresionado estará tu jefe cuando pareces mantenerte al día con las últimas noticias y chismes de la industria ¡sin mostrar esfuerzo alguno! También serás capaz de hablar de las últimas novelas de las que todos están hablando, aún si tienes un horario ocupado.

La lectura rápida también es un buen estimulo de confianza. Imagina que increíble se sentiría saber que puedes terminar cualquier libro o artículo que desees. Este es especialmente un sentimiento maravilloso para aquellos que luchan con las lecturas de la escuela y sufren los bajos niveles de confianza académica. Si actualmente eres un lector lento, ten por seguro que no eres un estúpido, simplemente debes ajustar tu enfoque, con tiempo y paciencia también podrás unirte a la elite de lectura.

Preguntas comunes sobre la lectura rápida

Antes de que aprendas a leer rápido, seguramente tienes un par de preguntas que te gustaría fueran respondidas. Abajo encontrarás algunas de las consultas más comunes sobre este tema:

¿La lectura rápida es solo para personas inteligentes?

¡Para nada! Cualquiera que sepa leer y desee aprender a leer rápido es capaz de hacerlo. La lectura rápida no es una habilidad con la que nacen las personas.

Recuerda que todas las personas que han ido a la escuela tuvieron que aprender a leer, no venimos al mundo con un nivel fijo de habilidad lectora, depende de ti tomar un enfoque proactivo para mejorar tu habilidad en esta área.

¿Pueden las personas con dificultades de aprendizaje o desordenes de lectura aprender a leer rápido?

Sí. Incluso si eres disléxico o has sido diagnosticado con otra dificultad de aprendizaje, el principio es el mismo, cualquiera que haya aprendido a leer es capaz de impulsar su habilidad en esta área.

¿Cuánto tiempo tomará aprender a leer rápido?

Puedes esperar a mejorar tus habilidades lectoras después de practicar los ejercicios en este libro en solo pocas ocasiones; sin embargo, es imposible proveer una línea de tiempo exacta, algunas personas descubren que luego de solo un par de semanas de practica pueden leer a velocidades arriba de 500 a 600 PPM, otros necesitan un poco más de tiempo.

No hay que avergonzarse por tomarse su tiempo en aprender esta nueva habilidad.

¿Es la lectura rápida conveniente para niños y adolescentes?

Sí, cualquiera que sepa leer puede aprender a leer más rápido, esto incluye a niños y adolescentes; de hecho, la niñez o adolescencia podría ser el mejor momento para aprender a leer rápido, como hábito es probable que se quede de por vida.

¿Necesito un equipo especial para aprender a leer rápido?

El único equipo que necesita seguir es el siguiente: este libro, un bolígrafo, un pedazo de papel doblado o una tarjeta, un cuaderno, un minutero o reloj, y material variado de lectura que puedes encontrar en el curso de tu vida cotidiana —novelas, catálogos, periódicos y así- todos los materiales son buena práctica.

¿Necesito entrenamiento especial para aprender a leer rápido?

No, este libro además del tiempo de práctica de los ejercicios que contiene te proveerán todo lo que necesitas saber. Hay muchos cursos a los que puedes asistir, pero eso no será necesario si dedicas el tiempo necesario y la atención del material en este libro.

¿Cómo puedes aprender a leer rápido?

Por ahora, tienes que estar convencido que aprender a leer rápido es un valioso uso de tu tiempo y esfuerzo. Te podrás preguntar cómo puedes aprender esta valiosa habilidad, es ahí cuando este libro aparece. En las siguientes páginas conocerás las técnicas claves y consejos que necesitas para leer más eficientemente. Descubrirás los seis malos hábitos de lectura que mantienen tus PPM en el promedio y aprenderás exactamente cómo superar cada uno de ellos.

Ejercicio: Empieza con tu base de PPM

Antes que pases la página y empieces a aprender cómo convertirte verdaderamente en un increíble lector, es útil saber tu actual velocidad de lectura, después de todo, si vas a establecer metas significativas tienes que conocer tu punto de partida. Encuentra un cronometro o reloj y lee las siguientes 200 palabras en el párrafo a tu velocidad de lectura regular.

Párrafo 1 – Varios factores que contribuyen al estrés

Estrés junto con otros problemas psicológicos relacionados, es un problema común en nuestro mundo moderno. De hecho, la Organización Mundial de Salud estima que los problemas de salud mental como el estrés, depresión y ansiedad, mundialmente son la causa principal de discapacidad. Cada año millones de días de enfermedad se pierden por estas condiciones, pues pueden causar tremendas cantidades de sufrimiento.

¿Qué causa que las personas se estresen en primer lugar? Hay dos importantes factores a considerar: características innatas, la personalidad, y activadores ambientales. Es decir, la forma en que cada individuo experimenta el estrés es una combinación de naturaleza y educación.

Investigaciones demuestran que la personalidad es moderadamente heredable. Es decir, la diferencia entre la personalidad de dos personas puede explicarsesignificativamente por la variación genética. Pero, alguien que está constantemente estresado y vulnerable a problemas, como la ansiedad, es más probable que aquellos que están habitualmente calmados al tener padres estresados y ansiosos.

No obstante, la biología no está destinada y el ambiente en el que una persona se encuentra también ejerce un efecto significativo en sus niveles de estrés. Por ejemplo, la falta de seguridad en el empleo es una fuente significativa de preocupación para cualquier persona.

Anota cuánto te tomo leer el párrafo y usa esta información para averiguar tu línea base de lectura rápida. Recuerda que 200 a 300 PPM es considerado el promedio. Es enteramente razonable, asumiendo que estas esperando poner tu esfuerzo y la practica requerida para alcanzar una meta de 500 a 600 PPM en pocas semanas. Si lees esta guía cuidadosamente e implementas los consejos ¡también puedes unirte a la lista de lectores rápidos! Pasa al siguiente capítulo para descubrir los malos hábitos que necesitas superar si quieres aprender el arte de lectura rápida.

Capítulo 2: Un acercamiento al aprendizaje del arte de lectura rápida – 3 simples pasos

Hay muchos libros y cursos escritos sobre lectura rápida, pero para aprender cómo sobresalir en la lectura rápida mientras se retiene la información tienes que reducirte a tres simples pasos. Este breve capítulo te proveerá una vista general de los puntos a venir, también te ayudará a desarrollar la mentalidad correcta para aprender la lectura rápida.

Los tres pasos que seguiremos en este libro son:

Paso 1: Identificar y corregir los malos hábitos de lectura que te detienen.

No tiene sentido simplemente agregar comportamientos positivos o técnicas si persistes en mantener tus malos hábitos. Una de las cosas más importantes que debes darte cuenta al tratarse de la psicología del comportamiento habitual es que mucho de eso ¡está más allá de nuestro control consciente! Esto significa que puedes haber estado leyendo de la

misma manera por años, desde tus días en la escuela, sin entender por qué has llegado a una meseta cuando se trata de la lectura rápida. Esta guía te ayudará a identificar y corregir los siguientes errores:
Retroceso

Visión periférica limitada

Sub-vocalización

Vocabulario limitado

Falta de concentración

Falta de propósito

Cuando entiendas cómo cada uno te impide de alcanzar tu meta de convertirte en un lector rápido, puedes tomar los pasos para superarlos ¡rápidamente!

Paso 2: Aprendiendo nuevos consejos y técnicas para mejorar tus habilidades lectoras.

Una vez que hayas aprendido los seis errores de lectura más comunes y cómo pueden ser rectificados usando técnicas prácticas, adicionalmente aprenderás consejos y trucos que te impulsarán al reino de los súper lectores. Aprenderás:

Cómo distinguir los temas más importantes en un artículo

Cómo retener más significados

Cómo mejorar tus habilidades de imaginación y visualización

Cómo revisar tu entendimiento de lo que has leído

Cómo anticipar lo siguiente que leerás

Cómo escribir puede ayudarte a ser mejor lector

Paso 3: Práctica e implementa lo que has aprendido.

El paso final es poner en práctica todo lo que has aprendido. Este capítulo te motivará a mejorar tu velocidad lectora en tu vida diaria, así como te proveerá algunos ejercicios adicionales que te ayudarán a solidificar tus nuevos conocimientos y habilidades bases. También servirá como un recordatorio suave de que la lectura rápida no es apropiada para todas las situaciones y te dirá exactamente cuándo necesitas reducir el paso. Igualmente serás capaz de intentar otros ejercicios que te ayudarán simplemente a ver ¡cuánto has desarrollado tus habilidades!

Sentando las bases – Preparación mental y pensamientos positivos.

Aprender cómo leer rápido no es únicamente sobre deshacerse de malos hábitos y reemplazándolos con un enfoque nuevo y superior. Si eres serio para tener éxito, debes asegurarte que te tomas a ti mismo seriamente, si conservas creencias negativas sobre ti, tu intelecto, tu habilidad al cambio o la utilidad de la lectura rápida en general, solo podrás ver éxito limitado. El ejercicio a continuación te preparara para tener éxito al superar percepciones auto limitadas y patrones de pensamientos negativos.

Ejercicio: Dale un vistazo a tus juicios

negativos.

Toma una hoja de papel y lapicero. Anota cualquier creencia que tengas de ti mismo, sobre leer y el aprendizaje en general. Ahora mira críticamente lo que acabas de escribir ¿hay alguna evidencia para estas suposiciones? ¿son objetivamente ciertas? Muy a menudo internalizamos creencias negativas (ejemplo: "soy torpe", "no puedo aprender cosas nuevas", etc.) como resultado de las experiencias de nuestra niñez como el *bullying* a mano de nuestros iguales o frecuentes observaciones negativas de nuestros padres. Recuérdate a ti mismo que, como adulto, puedes elegir embarcarte en la misión de aprender nuevas habilidades –lectura rápida- que motivará grandemente tus prospectos en cada área de tu vida, también puedes elegir pensar diferente. Para finalizar este ejercicio, toma tu lapicero de nuevo y dibuja una línea grande y gruesa en cada uno de tus pensamientos negativos.

Ahora que estas en el lugar correcto de tu mente para enfocarte en la lectura desde un nuevo ángulo, pasa al siguiente capítulo en el cual aprenderás qué hábitos debes dejar si quieres convertirte en un lector sobresaliente.

Capítulo 3: Identificando y corrigiendo los malos hábitos de lecturas que te detienen

Podrá parecer una tarea intimidadora al principio, pero los siguientes seis hábitos necesitan ser superados si quieres alcanzar todo tu potencial. No te preocupes si te das cuenta que posees más de uno de estos patrones ¡muchas personas hacen los seis! Recuerda que puedes enseñarte a leer de una forma nueva.

Mal hábito 1: Retroceso

"Retroceder" es ir de regreso, cuando retrocedes mientras lees tus ojos regresan sobre el texto que ya has leído. Esta tendencia es fácil de identificar una vez que te escudriñes cuidadosamente. Lee el siguiente párrafo, mientras lo haces, pon atención al movimiento de tus ojos ¿los mueves lentamente sobre la página o retrocedes?

Párrafo 2 – Propiedades del bálsamo labial
La piel en los labios es muy sensible y a temperaturas extremas puede ponerse seca, herida y agrietada. El bálsamo labial, comúnmente vendido en farmacias y

tiendas de belleza, funciona para aliviar este problema dando humedad a la piel. Mientras que el bálsamo labial generalmente es sencillo y sin aroma, es posible comprar productos que incluyen esencia, color o propiedades nutritivas extras como la Vitamina E. El bálsamo labial se vende en pequeñas latas o tubos y es popular en ambos sexos.

Ocasionalmente puedes encontrar una nueva palabra o frase mientras lees, o encontrarte un nuevo concepto lo suficientemente difícil que debes re-leer esa parte con el fin de comprenderlo por completo, esto es perfectamente normal. Sin embargo, muchos lectores lentos tienen el hábito de leer y luego re-leer el texto de nuevo, aun cuando el vocabulario usado es sencillo y el tema es fácil de entender. Cuando te saltas de regreso a un texto tu velocidad de lectura se reduce innecesariamente.

Ejercicio: Usa un apuntador o guía.

Para superar tu hábito de retroceder mientras lees, debes entrenar tus ojos para que siga la dirección del texto, aquí es donde entra un apuntador o guía, algunas personas descubren que simplemente usando su dedo índice es la mejor solución. Encuentra un libro o artículo y pon el temporizador por un minuto, tu tarea es mover tu dedo bajo las palabras mientras las lees, haz tu ritmo lo más rápido posible; ahora has lo mismo con un lápiz ¿qué funciona mejor para ti? No adivines, lleva el tiempo de cuántas palabras puedes leer por minuto cuando no usas apuntador, después usando tu dedo y luego usando un lápiz.

Aunque puedas sentir que recorrer el texto con el dedo o un lápiz es infantil de alguna manera o que se mira ridículo, ¡el hecho es que funciona! Puede sentirse extraño o incomodo al inicio, pero pronto te acostumbrarás.

Ejercicio: Usa un "bloqueador" para asegurarte de no poder leer el mismo texto dos veces.

Una forma directa e inmediata para prevenir que tus ojos retrocedan sobre el texto es usar un bloqueador. Toma una tarjeta o un pedazo de papel y ponlo hacia debajo de la página mientras lees. Esto forzará a tus ojos a seguir las líneas y bajar en la página ¡en la dirección correcta! Similar a usar un apuntador, puede parecerte raro o torpe al inicio, pero persiste.

No tendrás que usar un apuntador o bloqueador por siempre, míralo como una guía de entrenamiento que te ayudará a hacerte del hábito de continuar bajando por la página. Usa libros o artículos sin imágenes para este ejercicio, ya que hace que sea más sencillo simplemente moverse por el texto línea por línea.

Mal hábito 2: Leyendo una palabra a la vez.

Es fácil saber por qué muchos de nosotros leemos una palabra, luego otra palabra, luego otra... y subsecuentemente toma un largo tiempo terminar una novela. Ponlo simple, así es como primero nos enseñan a leer en la escuela, esto no es necesariamente algo malo, los niños necesitan aprender cómo reconocer y pronunciar varias palabras, por eso es que los libros dirigidos a este grupo tienen pocas palabras y están comprendidos principalmente de oraciones cortas.

Sin embargo, si continúas leyendo así en tu adolescencia o adultez, te estás haciendo un daño, si puedes empezar a leer múltiples palabras a la vez, tu velocidad de lectura incrementará rápidamente. Para ayudarte a entrenar a tus ojos a fijarse en varias en vez de en una sola palabra a la vez, usaremos una versión adaptada del apuntador del ejercicio anterior.

Ejercicio: Reto del apuntador adaptado

Cuando usaste tu apuntador, en el ejercicio anterior, probablemente mientras leías lo movías debajo de cada palabra individualmente; esta vez, vas a repetir el ejercicio, pero has un esfuerzo esta vez por posicionar tu apuntador bajo cada tres o cuatro palabras. Tu reto es ver a las palabras no como entidades individuales sino como grupos con significado.

Si has mantenido el estilo de lectura de "palabra por palabra" desde tus días de escuela, esto será muy peculiar. Sentirás como si literalmente debes expandir tu visión periférica, de modo que tu posición de lectura por defecto se convierta al ya no ver una palabra a la vez, sino que a grupos de palabras. Sin embargo, recuerda que usas tu visión periférica todo el tiempo y ¡es una gran habilidad natural que puedes usar en este contexto! Por ejemplo, usas tu visión periférica todo el tiempo cuando manejas, revisando que no vengan vehículos por la esquina o que un peatón esta por pisar el pavimento de la calle. Aprende a aplicar este principio mientras lees. Mientras puedes tener una palabra en tu campo de visión central, puedes mirar y captar el significado de varias palabras que la rodean.

Ejercicio: Entrenando tu visión periférica.

Cuando haces un esfuerzo por ver a las palabras como grupos o trozos en vez de artículos individuales en necesidad de interpretación, tu velocidad de lectura incrementará dramáticamente.

Trata de usar los siguientes diagramas para entrenar tu visión periférica. En cada caso, mantén tu foco central en el signo de admiración mientras percibes y lees las letras o palabras cortas a su alrededor.

B   J   E
Q   !   X
F   S   O

BO JX EB
IQ !   AX
FY SI KO

HOY   VEN   TRAE
IRSE !   PUES
MÁS   TEN   SAL

Ejercicio: Relaja tus músculos faciales.

Otra forma útil de ampliar tu "visión de lectura" es el entrenar tus músculos para mantenerte relajado mientras lees. Cuando frunces el ceño o tienes una expresión facial rígida, esto aprieta los músculos alrededor de los ojos, por lo tanto, hace que sea más probable que te mantengas concentrado en una o dos palabras a la vez. En contraste, al leer con una mirada suave y relajada permitirá que tu visión se expanda literalmente y tome varias palabras a la vez. El siguiente ejercicio es una excelente forma de relajar tus músculos faciales antes de una sesión de lectura.

Siéntate recto en tu silla y mira de frente. Frunce el ceño lo más que puedas y cuenta hasta cinco, luego libera los músculos. Siente como la tensión se aleja a medida que recuperas una expresión neutral. Ahora respira profundamente y arruga cada músculo de tu cara lo más que sea posible; de nuevo, mantén esa posición por la cuenta de cinco; relaja tus rasgos. Repite este ejercicio de 2 a 3 veces antes de empezar a leer. Si te encuentras luchando contigo para leer más de una o dos palabras a la vez, verás cómo repetir el ejercicio anterior te ayudará a liberar cualquier tensión que puedas sentir. A veces, leer por sí mismo puede ser una fuente de tensión, especialmente para aquellos que tuvieron dificultades al aprender a leer en la escuela, pero practicando e implementando las ideas contenidas en este libro, la lectura se hará menos un trabajo y más un placer.

Mal hábito 3: Sub-vocalización
¿Alguna vez te has encontrado diciendo las palabras mientras las lees, ya sea en tu cabeza o en voz alta? Si lo has hecho, esto no es una elección consciente, más bien, es usualmente una costumbre de nuestras lecciones de escuela. Cuando de niños nos enseñan a leer, pasan mucho tiempo leyendo en voz alta a los maestros y padres; por lo tanto, especialmente si el niño no lee mucho cuando está solo, su experiencia de lectura por defecto es "pronunciar las palabras". Cuando nos convertimos en adolescentes o adultos podemos mantener este hábito. Aún si no pronuncias cada palabra en voz alta, puedes estar moviendo tus labios o pronunciando el texto en tu cabeza.

Ejercicio: Observación atenta
Toma un libro o artículo y léelo por unos minutos, mientras lo haces, pon atención a la sensación en tu cuerpo ¿se mueven los músculos de tu garganta, cuello o boca? ¿estas inconscientemente articulando la

forma de las palabras? ¿estás leyendo en voz alta en los confines de tu cabeza? También puedes pedirle a un amigo que te observe discretamente por un rato, será capaz de decirte si estas realizando una sub-vocalización.

La sub-vocalización hace dramáticamente más lenta tu lectura porque te mantiene en la posición de procesar una palabra a la vez. Afortunadamente, este hábito se corregirá a sí mismo de forma natural si aprendes a leer más de una palabra a la vez, usando los ejercicios detallados en este capítulo. Por ejemplo, si empiezas a ver las palabras en grupos de tres o cuatro, literalmente serás incapaz de pronunciarlas verbalmente en tu cabeza.

Hay un par de trucos que también puedes implementar. Uno es de hacer un sonido mientras lees, esto hará casi imposible que sub-vocalices, al hacer trabajar tu memoria auditiva la mantienes ocupada. Otro consejo valioso es masticar goma de mascar mientras lees, esto evitará que pronuncies palabras silenciosamente porque tus músculos ya estarán ocupados.

Has que tu intención sea imaginar el significado de lo que se está diciendo o describiendo en un texto y será menos probable que sub-vocalices. Los lectores avanzados se mantienen enfocados en el significado más amplio y no en cada palabra por individual. Has este cambio en la forma en que lees y será menos probable que te enredes en la necesidad de procesar cada palabra.

Mal hábito 4: Vocabulario limitado

Un vocabulario amplio es una de las herramientas más efectivas que puedes tener a tu disposición cuando estas aprendiendo a incrementar tu velocidad de lectura. Si tu conocimiento de palabras ha avanzado poco desde que entraste a la adolescencia, no te sorprendas si tu lectura es lenta. Cuando conscientemente eres desconcertado por palabras no conocidas, pierdes tiempo valioso de lectura por dos razones.

La primera razón es obvia, si no conoces una palabra y es importante que entiendas el texto en donde la has encontrado, tendrás que gastar un par de minutos en buscar su significado. La segunda razón es quizás menos aparente, si tienes un amplio vocabulario puedes buscar por pistas contextuales cuando te topas con palabras que no entiendes muy bien. Si la mayoría de palabras en un fragmento de texto son familiares, una frase no va a derrumbar tu paso, probablemente serás capaz de comprender su significado porque tienes un excelente entendimiento del texto en general.

La mejor forma de incrementar tu vocabulario es leyendo. Al hacerlo, te encontrarás con nuevas ideas, palabras y conceptos que, a su vez, hará que la lectura de diferentes tipos de materiales sea fácil y natural. Trata de diversificar tu lectura, si por lo general solo lees revistas, prueba con una novela; si normalmente vas por ciencia ficción, trata con un libro de cuidado de plantas. Al expandir tu rango no solo crece tu vocabulario, sino que en general, tu conocimiento mejorará bastamente.

Ejercicio: Empieza a mejorar tu vocabulario ahora

Junto con la lectura, también puedes hacer uso de juegos en línea y softwares que han sido diseñados para ayudar a aumentar tu vocabulario.

En cuanto tu vocabulario se expande, tú también. Ve por artículos, libros y publicaciones que previamente hayas considerado por "sobre ti" o "muy difíciles". ¡Ten un poco de confianza en ti mismo! Lo peor que puede suceder es que tengas que detener tu lectura y consultar un diccionario. Si es así ¡al menos habrás aprendido una o dos palabras nuevas!

Mal hábito 5: Falta de concentración

Los lectores rápidos no toman descansos frecuentemente mientras leen y no dejan que sus mentes deambulen. En resumen, ellos mantienen sus niveles de concentración. Si te consideras a ti mismo un lector lento, puedes sentir que mantener tu mente en la página frente a ti es una tarea imposible. Puede que tengas muchas prioridades en competencia o nunca has condicionado tu mente para que se enfoque en una cosa a la vez. En nuestra sociedad estamos constantemente presionados a ser multi-tareas, a costa de nuestra productividad y bienestar. Los humanos hacen mejor las cosas cuando pueden concentrarse en un solo proceso a la vez y esto incluye la lectura. Los siguientes dos ejercicios te ayudarán a prolongar tu lapso de atención y crear un ambiente que te conduzca a mantener tus niveles de concentración constantes.

Ejercicio: Mejorando tu lapso de atención
Podrás haber escuchado el término "conciencia plena" usado en círculos de auto ayuda o de desarrollo personal. En los últimos 20 años, investigadores de psicología han llegado a la conclusión que cuando somos capaces de mantenernos en el presente y relajados, es cuando podemos ser felices, más productivos y más aptos para concentrarnos. Este ejercicio te ayudará a enfocarte en el aquí y ahora. Practícalo regularmente por unos minutos cada día y ¡mira como tu capacidad de poner atención aumenta!
Siéntate o acuéstate en un lugar confortable. Asegúrate de que tu teléfono

este en silencio y que no serás interrumpido. Pon el temporizador por 5 minutos. Ahora, simplemente percibe. No trates de dejar de pensar o limpiar tu mente de todos sus pensamientos, tu objetivo es solo percibir. Pon atención a la información que recibes por tus sentidos ¿qué puedes ver? ¿qué puedes escuchar? ¿qué puedes tocar o sentir? ¿qué puedes oler? ¿puedes sentir algo en el aire? Si tu mente divaga, reconozca que lo ha hecho antes de traerla de nuevo al presente. Una vez que puedas hacer esto por unos minutos cada día, extiende el tiempo que dedicas a este ejercicio. Esta simple practica tiene un enorme poder para mejorar tu concentración y aumentar tu relajación.

Ejercicio: Técnica de incremento gradual

La mejor forma de entrenarte para poder concentrarte por periodos de tiempo más largo es ¡simplemente practicar! Empieza por leer por cinco minutos e incrementa un minuto cada día hasta que seas capaz de leer por media hora sin romper tu concentración. Si especialmente eres una persona ocupada, puede que hayas perdido contacto con el arte de poner atención a una cosa a la vez, por suerte, el cerebro es un órgano altamente plástico y puede volver a aprender habilidades de concentración.

Ejercicio: Establece tu espacio de lectura ideal

Puedes darte una ventaja para empezar con la concentración al asegurarte que tu ambiente de lectura esta conducido a mantenerte enfocado. Asegúrate de que la habitación no sea ni muy caliente ni muy fría. Apaga tu teléfono y televisión. Si vives con otras personas, espera hasta que salgan o pídeles que te concedan un periodo de paz y quietud en el cual no seas molestado. Asegúrate de que haya suficiente luz en la habitación para que no tengas que entrecerrar los ojos con el riesgo de desarrollar tensión ocular. La luz natural es ideal, así que trata de sentarte cerca de una ventana.

Si tienes problemas sentándote, trata leer parado. Puede que sea poco ortodoxo, pero puede ser una buena idea para aquellos que luchan por mantener sus lapsos de atención enfocados en una dirección. Cuando te acostumbres a leer parado, puedes alternarlo con periodos de tiempo quedándote sentado.

Si eres serio con desarrollar tus habilidades de lectura rápida o necesitas leer de una forma regular, trata y crea un espacio diseñado para la lectura en tu casa. Un cuarto de cajas o una oficina es lo idea, pero una silla cómoda en una esquina de tu habitación favorita servirá igual de bien. Manteniendo un lugar específico para tus propósitos de lectura motivará a tu cerebro a formar una conexión entre ese lugar en particular y tus prácticas de lectura rápida. Con el tiempo, tu habilidad de concentrarte aumentará automáticamente cada vez que entres a esa habitación o te sientes en la silla.

Un consejo final para mejorar tu concentración es evitar caer en la tentación de leer directamente por varias horas en un solo momento. La mayoría de las personas no pueden concentrarse en más de un tema o tarea por más de 30 a 40 minutos. Pon el temporizador por media hora y una vez que llegue date un descanso de cinco minutos. Si has estado sentado, levántate y estírate, muévete, exponte a la luz natural si es posible, esto tiene un efecto natural de "despertar". Evita los excesos de azúcar y cafeína, eso resulta en solo un aumento a corto plazo de concentración que terminará en un choque dentro de una hora.

Mal hábito 6: Falta de propósito.
¿Cuántas veces te has preguntado, antes de comenzar a leer un artículo o libro, cuál es tu meta? Puede que parezca una pregunta extraña para hacerse y si simplemente estás leyendo ficción por placer, la respuesta es demasiado obvia. Sin embargo, mucha de las lecturas que haces, especialmente si es en contextos no profesionales, será basada en hechos. Así que, asumiendo que estás leyendo no-ficción por otras razones, que no es por puro placer ¿cuál es tu objetivo de lectura? Si quieres ser un lector exitoso,

debes desarrollar el hábito de leer rápido con un propósito particular en mente.

¿Por qué debemos tener un objetivo final en mente cuando leemos rápido? Porque al hacerlo te motivarás a seguir y te ayudará a tomar los puntos más importantes en un libro, artículo o en una página. Recuerda que las piezas más importantes de información se encuentran usualmente en la primera y última oración en un párrafo.

Ejercicio: Recogiendo lo que es relevante
Elige un capítulo de un libro de no ficción o de un artículo largo de una revista de alta calidad. Antes de leerlo, hazte las siguientes preguntas:

¿Qué espero aprender al leer esto?

¿Cuáles son las palabras claves y términos que espero encontrarme?

¿Cómo sabré si este ha sido un capítulo/artículo útil para que lo lea?

Al hacerte preguntas como esta te ayudará a convertirte de un lector pasivo a uno activo. Un lector pasivo simplemente pasa sus ojos sobre la página, absorbe la información de modo casual y no se compromete con el tema en un nivel profundo. Un lector activo va con una agenda y no queda satisfecho hasta que haya averiguado si sus preguntas han sido respondidas.

Has eliminado tus malos hábitos ¿qué sigue?

El primer paso en tu camino de la lectura rápida era identificar y eliminar tus malos hábitos. Si has seguido los ejercicios en esta sección y te has comprometido a practicarlos todos los días, verás una mejora radical en tu velocidad de lectura en un par de semanas. No olvides probarte y medirte el tiempo de forma regular para que puedas saber si estás haciendo un progreso en aprender a leer más rápido.

Ahora puedes moverte a la siguiente parte, recogiendo nuevos trucos, técnicas y estrategias que realmente moverán tu lectura al siguiente nivel.

Capítulo 4: Aprende nuevos consejos y técnicas para mejorar tu habilidad lectora

En esta sección aprenderá no solo a impulsar su velocidad de lectura aún más, sino también a cómo retener más información de lo que ha leído. Recuerde que la lectura rápida no solo es la medición de PPM, sino sobre su ritmo de comprensión, es decir qué tanto puede recordar de lo que ha leído. Esto es especialmente importante si eres un estudiante tratando de aprender a leer más rápido con el fin de mejorar tus notas. No hay razón para ser capaz de pasar por un texto rápido si no puedes recordar los hechos claves que necesitas para pasar el examen.

Las siguientes estrategias te ayudará a entender la información importante en menos tiempo. Úselas constantemente como una base y liberará minutos e incluso horas al día ya sea en casa, en el trabajo o en la escuela.

Estrategia 1: Cómo elegir los temas más importantes en un libro o artículo

A la mayoría de nosotros se les enseñó que para leer un texto había que hacerlo desde el inicio, pasando por el medio, hasta llegar al final. Esto tiene sentido si estás leyendo una pieza de ficción, después de todo, si te saltas largos trozos de la historia, leer esa novela no será tan satisfactorio.

Sin embargo, si estás leyendo algo de no-ficción, está bien, incluso es sensato, economizar tus esfuerzos y entrenarte en concentrarte en los "puntos clave" en el texto. Primeramente, si estás leyendo un libro dale un vistazo al índice, muchos lectores raras veces le prestan atención a esta parte, pero si tu quieres ser un lector súper hábil, tienes que pasar un minuto o dos examinándolo. El índice te proveerá una vista general de los puntos cubiertos por el escritor. Nunca sientas que debes leer un libro completo a su totalidad, aún si de pequeño te enseñaron que era, de cierto modo, un crimen dejar un libro sin terminar, ¡ahora tienes permiso de solo tomar lo que necesites y dejar el resto!

Ten en cuenta que los escritores tratan de

hacer su trabajo atractivo, que capture la atención y lo más útil posible. Esto significa que quieren que los lectores se "enganche" con la oración o párrafo inicial, o el párrafo de inicio de un capítulo. En adición, los escritores usualmente ponen un gran énfasis en crear transiciones suaves de una sección a otra, por lo que la oración final de un párrafo o el párrafo final de un capítulo también es cuidadosamente elaborado y suele contener un resumen muy útil de los puntos cubiertos en la sección que le precede.

Al mismo tiempo, sé consciente de que mucha no-ficción contiene "extras" o "rellenos" que tu simplemente no necesitas leer si estas tratando de extraer solo la información más importante de un texto. Si lees una oración que introduce una historia personal, anécdota o chiste, siéntete libre de saltártelo. Estos agregados son incluidos para entretener al lector, no para impartir información nueva.

Los diagramas también pueden desperdiciar minutos de lectura.

Usualmente, los escritores incluyen imágenes y luego explican su significado en gran detalle en el texto. Sin embargo, como dice el proverbio popular "una imagen vale más que mil palabras", puedes aprender más al ver el diagrama por unos segundos que al leerlo en varias oraciones. Solo preocúpate por leer el texto de explicación si un nivel o término usado en el diagrama es nuevo o confuso para ti.

Ejercicio 1: Artículo de un minuto

Elige un artículo largo –de al menos tres páginas- de una fuente de peso como una revista respetable o un periódico académico. Pon el temporizador por un minuto. Ahora, usando los consejos mencionados anteriormente, desafíate a recoger los hechos y puntos clave contenidos en el texto. Escríbelos. Ahora regresa al artículo y léelo de nuevo al estilo "normal" ¿Cuánta información pudiste recoger?

Estrategia 2: Cómo retener más información de lo que lees

Esta estrategia además de ser un medio

poderoso para que puedas recordar y disfrutar más de tus lecturas, te ayudará a librarte de un hábito de retroceso. Si absorbes lo que necesitas en la primera ronda, no tendrás que desperdiciar tu tiempo regresando a re-leer el mismo texto varias veces.

En el último capítulo descubriste el concepto de lector activo versus pasivo e hiciste un ejercicio en el que elaboraste unas preguntas claves antes de leer el texto. En esta parte miraremos más de cerca cómo poder comprometerse más con un artículo o libro y que como resultado podamos retener más información.

Un consejo útil es interactuar con el tema que nos importa a través de otro medio antes de abrir el libro o empezar a leer el artículo de peso. Si "calientas tu cerebro" de esta forma, encontrarás la lectura más fácil pues tu mente ya estará receptiva a los consejos y frases que pueda encontrarse. Esto significa que será más probable que recuerdes grandes partes del material. Por ejemplo, imagínate que quieres leer rápidamente un libro del rol de la genética en la personalidad, pero te desanimas por el aparente grosor del texto; pero al mirar videos cortos de alta calidad –como esos que publican los canales de las universidades- te proveerán una breve vista general del tema y te preparará para tu lectura.

Otra técnica es usar presión social imaginada o real. Imagina que alguien te presenta un artículo y te dice que tienes cinco minutos para leerlo y luego resumirle los puntos más significativos a una persona muy importante, a alguien que tu admiras mucho. ¿Eso no te motivará a leer lo más rápido que puedas?

Ejercicio: Presión social

Imagina que tu amigo llegará a tu casa en un par de minutos y que desesperadamente necesita entender los puntos importantes contenidos en un artículo o capítulo de un libro que estás leyendo. Juega contigo mismo ¿qué tan rápido puedes leer el material y aún ser capaz de resumir al final lo que has aprendido?

Estrategia 3: Cómo mejorar tu lectura al escribir

Podrás haber escuchado a escritores decir que una excelente forma de mejorar la escritura es leer regularmente. Esto parece ser cierto, los escritores más exitosos son ávidos lectores; sin embargo, también funciona de forma inversa ¡puedes ser un mejor lector al escribir! Escribe sobre cualquier cosa de forma regular y te ayudará a sentirte más cómodo con las palabras en general, ampliará tu vocabulario y mejorará tu gramática.

Ejercicio: Diario

Cada día de la siguiente semana dedica al menos 15 minutos para escribir en un diario. No necesitas crear entradas perfectamente escritas, pero trata de escribir dos o tres párrafos mínimos, estos pueden ser sobre los eventos de tu día, tus pensamientos internos o cualquier otra cosa de la que quieras escribir. Al finalizar la semana habrás renovado tu apreciación por la lectura y escritura.

Estrategia 4: Usa la impresión, asociación y luego repite

Tu cerebro no es solo un bulto pasivo de materia gris en tu cráneo, es un órgano dinámico que constantemente está procesando el material entrante en diferentes maneras. Cuando entiendas cómo reacciona tu cerebro a nuevos estímulos, podrás empezar a usar este conocimiento a tu beneficio cuando se trate de recordar y retener la información que lees.

Primeramente, utiliza el principio de la impresión. Probablemente ya sepas que las cosas que más recordamos son aquellas que causan una gran impresión en nosotros, esto va para personas, lugares y cosas. Lo que sea que estés leyendo, si deseas recordarlo, pon un poco de esfuerzo en crear imágenes mentales memorables. Por ejemplo, si lees un libro de genética, tomate un tiempo para pintar una imagen vivida en el ojo de tu mente que represente en detalles gráficos el movimiento del ADN y ARN y así sucesivamente en el núcleo de la célula.

Permítete impresionarte por lo que estás leyendo. Si eres forzado a leer algo que encuentras aburrido, usa tu imaginación y trata de hacerlo más excitante ¡la creatividad humana es ilimitada!

En segundo lugar, puedes emplear el principio de asociación. Tendemos a retener mejor la información que enlazamos con nuestro conocimiento previo o memorias. En términos psicológicos, metiendo nueva información en nuestros "esquemas" ya existentes, nos ayuda a recordar información. Por ejemplo, si lees un libro sobre técnicas de hablar en público, piensa en charlas previas que hayas dado y trata de cerciorarte si habías usado un método en particular anteriormente. Alternativamente, puedes pensar en grandes discursos que hayas visto o escuchado y has enlaces entre lo que lees en el texto y esas presentaciones.

Finalmente, no sobreestimes el poder de la repetición. La memoria humana responde bien a la repetición, entre más repitas o vuelvas sobre un material, es más probable que lo recuerdes. Una vez que termines de leer el texto, repítete a ti mismo las ideas clave, ya sea en voz alta o al apuntar notas en un papel.

Ejercicio: ¡Impresión, asociación repetición!

Encuentra un libro de no-ficción que no hayas leído anteriormente y selecciona dos capítulos. Lee el primer capítulo de la forma "normal" lo más rápido que puedas. Ahora lee el segundo capítulo, pero esta vez usa las técnicas enlistadas anteriormente. Compara tu recolección de los dos capítulos. Descubrirás que tomándote el tiempo para formular impresiones y asociaciones antes de repetirte el contenido a ti mismo un par de vez ayudará a incrementar tu retentiva.

Ejercicio: Mejora tus habilidades de visualización

Para ayudarte a crear impresiones fuertes mientras lees, necesitarás usar tu imaginación, pero ¿qué tal si no tienes la habilidad de crear imágenes mentales fuertes? No temas, con un poco de esfuerzo y practica podrás mejorar tus habilidades de visualización. Aquí un breve ejercicio para comenzar.

Siéntate en un lugar confortable y cierra tus ojos. Ahora imagina que tomas la ruta a un lugar que conoces bien, puede ser hacia tu lugar de trabajo, la casa de un amigo o una tienda loca. Tomate tu tiempo para visualizar ¿qué ves? ¿qué escuchas? ¿qué hueles? Tomate unos minutos para realmente imaginar como la escena se revela frente a ti. Trata de pasar al menos unos minutos cada día entrenando tus músculos de visualización.

Capítulo 5: Practica e implementa lo aprendido

Ahora que has aprendido a mejorar tu velocidad de lectura, es importante que pongas en práctica de forma regular lo que hemos visto en estos capítulos.

Lee absolutamente todo lo que puedas encontrar

Hazte el hábito de leer lo que sea que se te cruce por el camino. Dale un vistazo a la caja de cereal en el desayuno, lee las pequeñas impresiones en los anuncios en la calle y mira los folletos mientras esperas en la fila de la tienda. Justo como cualquier otra habilidad, entre más practiques la lectura rápida y otras técnicas de lectura, te volverás mejor.

Ejercicio: Búsqueda de tesoros

Has que tu misión de mañana sea leer al menos tres cosas que normalmente no te molestarías en ver. Si por lo general pasas de largo las revistas en la sala de descanso, dedica unos minutos a una de ellas y practica tus nuevas habilidades ¿o por qué no tomas uno de los catálogos gratis de una tienda que normalmente no visitarías? Mejor aún, si tienes el tiempo, prueba una novela de un género el cual desconoces por completo. La variedad no solo agregará un poco de interés a tu día, sino que, al leer un rango de diferentes materiales, expandirás tu vocabulario.

¡Has de la lectura rápida un evento social!
Si tienes amigos interesados en el desarrollo personal ¿por qué no les preguntas si estarían interesados en formar un grupo de lectura rápida? Hay muchas formas en la que puedes enfocar esto, una opción es simplemente acordar ciertas metas bases a la semana o al mes, por ejemplo, pueden definir cuántos artículos o libros quieren haber leído para una fecha en particular y responsabilizarse mutuamente. Otro enfoque que pueden darle es comenzar un club de lectura que demande más de sus lectores que un grupo normal, por ejemplo, todos pueden leer dos libros por semana en vez de la cuota estándar de estos clubs de un libro o dos al mes.

Establece tus metas

Ponerte de meta "leer rápido" es algo válido, pero no especifico. Las mejores metas son SMART – Selectivo, Medible, Alcanzable, Relevante y de Tiempo determinado. Con estos criterios, la meta de "aprender a leer más rápido" no es SMART; sin embargo, "Voy a leer dos novelas y tres artículos esta semana utilizando los métodos de lectura rápida señalados en este libro" es SMART. Es selectivo (sabes específicamente qué vas a hacer), medible (sabrás con seguridad si leíste o no esas novelas y artículos), alcanzable (asumiendo que tendrás el tiempo y la determinación para hacer realidad esa meta), relevante (será de ayuda para fomentar tus objetivos de aprender a ser un lector más veloz) y de tiempo determinado (porque estas usando un periodo de tiempo establecido, en este caso de una semana).

No olvides tomar tu velocidad de lectura en PPM de forma regular para que puedas darle seguimiento a tu progreso. Date un premio una vez que hayas duplicado (o incluso triplicado) tu record de PPM.

Asegúrate de darte un premio si te lo prometiste.

Experimenta con los tamaños de letra cuando leas en pantallas

Cada vez más leemos a través de pantallas en vez de materiales en papel. Esto ofrece una gran ventaja cuando se trata de enseñarte a leer más rápido. Experimenta usando diferentes estilos y tamaños de tipografías cuando uses una pantalla. Algunas personas encuentran que simplemente aumentando el tamaño del texto les ayuda a leer mucho más rápido.

Ejercicio: Usa el apéndice de este libro

El apéndice de este libro contiene tres textos de 500 palabras, una de ficción y dos de no-ficción. Una vez que hayas aprendido a leer rápido de forma exitosa, deberás ser capaz de leer cada uno de ellos en menos de un minuto. Están presentados con varias preguntas de comprensión para que puedas examinar tu retentiva junto a tu velocidad de lectura.

Recuerda que la lectura rápida no es apropiada para todas las ocasiones

Puede que quieras leer todo a paso rápido

de ahora en adelante, pero es importante que te des cuenta que no la lectura rápida no siempre es lo mejor. De hecho, hay muchas situaciones en la que no se recomienda. Primeramente, siempre tomate todo el tiempo que necesites cuando leas documentos legales ¡No hay necesidad de leer rápido un importante contrato solo para que puedas sentirte realizado si eso implica correr el riesgo de firmar la pérdida de tu vida! En segundo lugar, si estás leyendo un texto que contiene ideas tanto complejas como completamente nuevas para ti, la lectura rápida no será lo más apropiado. Al contrario, siéntete libre de regresar a las partes que no entendiste por completo a la primera vez, toma notas y resalta si es necesario.

Conclusión

¡Gracias por descargar y leer este libro de lectura rápida! Para este momento, deberías empezar a ver un marcado incremento en tu velocidad de lectura. Serás capaz de entender una gran variedad de materiales de una manera que nunca ante habías soñado. No olvides ver a la lectura rápida como una habilidad que necesita practica constante para poder mantenerla. Si tienes un mal día o sientes que no estas haciendo mucho progreso, no te permitas desanimarte por completo. Recuerda que toma tiempo y esfuerzo hacer cambios sustanciales en cualquier área de tu vida y en los hábitos, esto incluye cómo procesas los materiales escritos.

Si te gustó este libro ¿por qué no ayudas a otros lectores al dejar una reseña? ¡tu opinión es muy valiosa!

APÉNDICE -3 PÁRRAFOS DE PRÁCTICA CON PREGUNTAS

PÁRRAFO 1 – EXTRACTO DE FICCIÓN

El teléfono sonó a las 8:37 a.m. Nunca empiezo a trabajar hasta las 9:30 a.m.

"Yo iré" dijo Sarah, la chica de experiencia laboral. Ella debe estar presente desde las 8 a.m. para 'hacer la presentación'. ¿Por qué? ¿cuánta presentación tenemos? Le tendré que preguntar a Marcia.

Me senté en el sofá del lobby y discretamente lamí la palma de mi mano. Huele a whiskey. Hmm.

"¡Dr. Rossley!"

"Por favor, llámeme Sam". Sarah tiene los ojos color océano.

"Ok... Sam, hay una señorita que dice -su voz se redujo a un susurro- ¡que va a matarse el fin de semana a menos que le dé una cita! – los ojos de Sarah se abrieron con el asombro de aquellos que solo han estado trabajando en el negocio de la terapia por un par de semanas.

"¿Ella suena algo brusca, como si fumara mucho? ¿Ella decía mucho "¿Tu sabes, tu sabes"?"

La boca de Sarah se abrió. "Wow. ¿Cómo lo supo?

"Es Patricia Southell, ¿verdad?"

"Wow"-dijo Sarah de nuevo. "¿Ella es, um, una regular?"

"Si. Y ella no se lastimará". Me levanto y agarro un lado del sofá para apoyarme. "Dile que llame a A y a E si es tan suicida. De lo contrario, Marcia la verá el jueves. Creo que ella tuvo una cancelación". Me dirijo directamente a mi oficina con un propósito. Solo se necesitan dos intentos para abrir la manilla de la puerta.

"Así que ¿vas a hablar con ella?"- Me preguntó Sarah.

"No. Y tomaré mi azúcar con dos de azúcar esta mañana por favor Sarah".

Cerré la puerta detrás de mí y me desplomé en la silla de mi escritorio.

Mi nombre es Sam Rossley y soy psicoterapeuta. ¡Ayúdenme!

La pobre alma en el sofá esta mañana es TraceyThwaite. Si tuviera un nombre como ese también estaría en terapia. He tenido cinco años de análisis junguiano. Pude haberme ido para siempre. Eventualmente, tengo que tener terapia para superar a mi terapeuta. Ella era maravillosa. Aún estoy enamorado.

Tracey mide cinco pies, ratoncito, y es gorda de forma que no adula a nadie.

"Oh, hola" –dijo Tracey mientras se sentaba- "¿O tengo que acostarme?"

"No, no"-le dije. "Yo no elegí el sofá y tú no tienes que acostarte, es solo un homenaje visual juguetón a Freud y Jung, que algunas veces hicieron que sus pacientes se acostaran en el sofá". Soy un mentiroso compulsivo. Paso días estudiando los catálogos de muebles en el salón de práctica del personal. Marcia empezó a hacer comentarios de que estaba desarrollando una fijación por el sofá y que mi madre me había dejado solo demasiadas veces con muebles blandos. Ese sería el día. Mi mamá nunca me dejó solo y todavía no lo hace. Ella me llama cada tarde. La mayoría de las veces no respondo.

"Espero que Sarah le haya explicado los términos y condiciones" –le dije- "Nuestra tarifa es de cincuenta y siete libras por hora de terapia, que son cincuenta minutos más diez minutos del seguimiento administrativo.

(500 palabras)

Preguntas de comprensión:
1. ¿Cuál es el nombre del narrador?
2. ¿Por qué dejó de participar en terapia personal?
3. ¿Cuánto dinero cobra el personaje por una hora de terapia?
4. Nombra los dos pacientes mencionados en el extracto.
5. ¿Qué problema psicológico parece estar sufrir el narrador?

PÁRRAFO 2 – EXTRACTO DE NO FICCIÓN

La realidad del cambio climático ahora ya esaceptada por expertos a nivel mundial. Aunque la temperatura de la tierra ha variado naturalmente en los últimos miles de años, parece que la actividad humana es directamente responsable de los cambios actuales. La temperatura global está incrementando gradualmente y los patrones se están convirtiendo más extremos e impredecibles. Se piensa que esto es el resultado del exceso del dióxido de carbono liberado en la atmósfera como producto de las actividades humanas, incluida la manufactura masiva.

Aunque es imposible predecir las consecuencias del cambio climático con precisión, los expertos acuerdan que las alteraciones a la atmósfera y el clima tendrá un efecto de golpe en los ecosistemas, redes alimenticias e inundaciones. Específicamente, las fluctuaciones en la temperatura pueden dar como resultado la extinción de animales o plantas porque no serán capaces de adaptarse a las nuevas condiciones. La escases de alimentos y sequías podrían convertirse en un problema en algunas áreas del mundo, así como la lluvia insuficiente podría tener un efecto devastador en la producción de cultivos.

Los gobiernos pueden usar varias estrategias para motivar a todos a bajar sus emisiones de carbón. Ellos pueden usar campañas de alerta para impulsar a la gente a reciclar, compartir carros y otros pasos. Pueden motivar a los negocios a reducir susemisionesal premiar con extensiones fiscales a aquellos que cumplan los objetivos de reducción de carbón. Alternativamente, pueden poner esquemas de impuestos a las corporaciones que no tomen un enfoque lo suficientemente proactivo en limitar sus emisiones. Los abogados pueden regular cómo las compañías tratan los desperdicios, reducen los excesos de las emisiones de carbono y aseguran que sus empleados hagan todo lo que esté en su poder para cuidar el medio ambiente.

Hay mucho por hacer como individuos para reducir nuestras huellas de carbono. Quizás el paso más simple y efectivo es llevar una vida sencilla, comprando menos productos y re-usando los que tenemos en vez de reemplazarlos a la oportunidad más próxima. Esto significa repensar nuestro sistema de valor y poner las necesidades de la tierra sobre nuestros deseos de poseer el último celular o computadora.

Cuando llegue el tiempo de cambiar nuestras posesiones deberíamos reciclar todas las partes del componente.

Podemos reducir grandemente nuestras emisiones de carbono al disminuir la medida en que dependemos de los carros o abandonarlos por completo y optar por el transporte público. Usar una bicicleta puede llevar a ahorros significativos cada año ¡el petróleo no es barato! Compartir el coche, dos o más personas compartiendo el vehículo durante en viaje diario al trabajo o a la escuela, baja dramáticamente el número de carros en los caminos.

También podemos mostrar un poco de consideración con el planeta no solo pensando cómo podemos transportarnos, sino cómo se mueve la comida a nuestro alrededor. Escogiendo productos que crecen en la localidad o que son del mismo país, viene con una huella más pequeña de carbono comparada con la comida que ha volado de otras partes del mundo.

1. Nombra tres formas en que todos

pueden hacer su parte al reducir el cambio climático.
2. Menciona dos consecuencias del cambio climático.
3. Explica qué pueden hacer los gobiernos para motivar a las personas y empresarios a modificar sus comportamientos en forma que ayuda al medio ambiente.
4. ¿Qué se quiere decir con el término "Compartir el coche"?

PÁRRAFO 3 – EXTRACTO DE NO FICCIÓN

Las personas alrededor del mundo han estado guardo bitácoras por siglos. Conocidos también como diarios, una bitácora es un lugar donde tú puedes grabar tus pensamientos y sentimientos más profundos. Investigaciones han demostrado que una bitácora ofrece varios beneficios psicológicos. Lee para descubrir por qué tener un diario puede ayudarte a traer claridad y mejorar tu bienestar en general.

Primero, poner tus pensamientos y

sentimientos en un papel puede ser bastante catártico. Te fuerza a bajar el ritmo y poner atención a lo que realmenteestá pasando en tu vida. Si te sientes abrumado, exponer tus problemas en blanco y negro puede ser una excelente forma de sentir que tienes "control de la situación". Puedes entonces empezar a formular un plan de acción. Por ejemplo, si te has estado sintiendo abrumado por varios problemas en tu relación.

Hacer un diario puede ayudarte a ver dónde estás haciendo progresos. Por ejemplo, si estas intentado superar la depresión o dejar un mal hábito, mantener un diario puede proveerte un lugar seguro para ventilar la frustración que puedas sentir. También te brinda un espacio para documentar cualquier triunfo, aunque sea menor. Mantener registros escritos de tus progresos significa que puedes regresar a tu diario cuando sientas que te estas rindiendo o puedes regresar y recibir una nueva inspiración.

Hacer un diario también puede ayudarte a tomar decisiones más inteligentes. Al literalmente escribir los pros y contra de cualquier decisión insignificante que tengas que tomar en la vida, ya sea para elegir qué carrera escoger en la universidad, para continuar con una relación en particular, o si es para moverte por el país, obtienes una nueva visión de lo que realmente quieres, necesitas y deseas. Si te disgusta la idea de escribir a mano en un cuaderno o en una computadora, puedes tratar con un diario visual. En vez de usar palabras, los diarios visuales hacen uso de colores e imágenes que pueden estar solo como entradas o proporcionar indicaciones para una exploración adicional (escrita). Por ejemplo, puede ser más fácil escribir algunas palabras en respuesta a una imagen triste cortada de una revista que escribir varios párrafos propios sobre tus luchas. Creando collages es una forma fácil de empezar con un diario visual. Si quieres escribir en un diario sobre un problema en particular pero no estás seguro de cómo comenzar, crea una "tabla de ánimo" o "página de ánimo", corta o imprime imágenes que resuenen contigo y transmitan tu ánimo actual.

Finalmente, aunque escribir en un diario es extremadamente útil como una actividad en solitario, también es usualmente usado como un ejercicio en sesiones de psicoterapia. El terapista puede pedirle a un cliente que lleve un diario, que puede actuar como un indicador de discusión para una futura sesión de terapia. Puesto que la terapia típicamente es dividida en bloques de cincuenta minutos, un cliente puede sentir que no tiene tiempo suficiente para poder discutir todos sus problemas con el terapista. El diario puede representar un "suplente" del terapista en estas situaciones.

www.ingramcontent.com/pod-product-compliance
Lightning Source LLC
Chambersburg PA
CBHW071851070526
44583CB00016B/1642